佐藤優
Masaru Sato

佐藤優の裏読み！国際関係論

毎日新聞出版

はじめに

今回は、「ウィズコロナ、アフターコロナの国際関係」について話したいと思います。日本は情報大国です。日々の国際情勢についての報道や分析について、大量の情報を新聞、ラジオ、テレビ、インターネットから得ることができます。情報の基本は新聞です。インターネット空間には、厖大《ぼうだい》な情報が流れていますが、そのほとんどのオリジナル情報は新聞です。私はインターネットに関しては、新聞社、テレビ局のホームページ、各国政府機関のホームページ以外はほとんど参照することがありません。それでも国際情勢を分析する上で、大きな支障にはなりません。

新聞は客観報道が中心になるので、出来事に対する見方は、雑誌に掲載された専門家の論考が重要になります。しかし、21世紀に入った頃から、有識者のポジショントークが増えてきたように思えてなりません。靖国問題、沖縄の辺野古《へのこ》新基地建設問題、エネルギー問題、北方領土問題、ウイグル問題、ミャンマー問題、パレスチナ問題などは、それぞれ複雑な経緯を持った独自の性格を帯びた問題です。にもかかわらず、特定の政治的立場から、あらかじめ結論を決めて議論を展開する傾向が目立ちます。この傾向が、コロナ禍《か》によって一層強化されているように思います。ステイホーム政策によって、動くことが少なくなった結果、思考も滞留しているのかもしれません。哲学や神学の問題について深く考える場合には、追加的情報を入れずに深く考えることが有益な場合もあります。しかし、国際関係は生き物です。国際社会で起きている現実の出来事から目をそらして、ポジショントークを繰り返しても、事柄の本質から遠ざかっていってしまうばかりです。本書では、客観的な事実と、私の認識と評価を分けて記述するように細心の注意を払いました。

本書でも強調していることですが、新型コロナウイルスによるパンデミックは、国際秩序に二つの影響を与えました。

第1は、グローバリゼーションに歯止めがかかって、国家機能が強化されました。民主主義国で、国家は、司法、立法、行政に区別されるのが通常ですが、コロナ禍に直面して各国でも行政権が優位に立ちつつあります。民主主義国の政治が知らず知らずのうちに権威主義化されています。

第2は、格差の拡大です。しかもそれは、国家間、一国内の地域間、階級（階層）間、ジェンダー間という四重の構造を持っています。国家の力によって格差を是正《ぜせい》しようとする動きが強まると、ファシズムやスターリニズムが台頭してくる危険があります。

本書のテーマは、国際関係ですので、第1のグローバリゼーションの退潮と国家機能の強化が議論の中心になりました。しかし、この動きは格差を是正するという各国の内政問題とも深く関係しています。

本書では、国際関係について網羅的に話すのではなく、コロナ禍による構造変化を理解していただけるような話運びにしました。まずこのコロナ禍が国際秩序にもたらした変化についてお話しします。次にアメリカ大統領選挙について。それに関連して中国とアメリカの関係がどうなるのかということも説明します。ここでカギになるのが、実はミャンマー情勢です。このミャンマー情勢について、私の見方をお話ししたいと思います。最後に狭義での私の専門領域であるロシア情勢についてお話しします。

目次

第1章
コロナ禍がもたらした世界の変化

グローバリゼーションの終焉《しゅうえん》

コロナ禍が世界にもたらした変化は、大きく分けて二つあります。

一つ目はグローバリゼーションに歯止めがかかったことです。グローバリゼーションに歯止めがかかったと言っても、各国が鎖国《さこく》するわけではありません。これまでに比べ、国家機能、特に行政権が強化されるということです。その結果、グローバリゼーション（地球化）からインターナショナリゼーション（国際化）への転換が起きています。日本の場合、東京は緊急事態宣言下にありました。しかし、基本的にこの緊急事態宣言で要請されているのは「自粛《じしゅく》」です。それに違反しても、罰則はありません。なぜこういうことになるのでしょうか。

私は、ある国が危機的な状況に陥った時、その国の本当の政治文化、国民文化というものが現れると思っています。日本は、憲法第22条で「移転の自由」が保障されています。移転の自由の中には、さらに移動の自由があります。この「移動の自由」を行使しないでくださいと要請するのは、憲法上の規定に反することになります。

しかし、この憲法第22条にはただし書きがついています。つまり「公共の福祉に反しない限り」ということなんです。新型コロナ感染症を防ぐということは、公共の福祉に合致することですから、移動を制限するような法律や罰則付きの法律を作っても、憲法上は問題ないことになります。ではなぜ、日本政府はそういう罰則が付いた法律を作らないのでしょうか。

日本が「自粛」を選ぶ理由

私は行政官だったので、そのわけは皮膚感覚でわかるのですが、これには二つ理由があります。一つ目は、そのような法律を作れば、違憲訴訟を起こす人が出てくるためです。日本には1億2000万人以上の人がいるわけですから、必ず「これは憲法違反だ」という人が出てきます。そんな時「この忙しい時に裁判に関わるのはイヤだ」というのが行政官の率直な気持ちです。しかも、この裁判で、仮に一審で国の主張が認められて、法律が合憲となっても、必ず高等裁判所、最高裁判所まで上がりますから、4～5年かかります。最終的に国が勝つにしても政府は、4年や5年も裁判に忙殺されたくない、と思っています。

それから二つ目は、日本の国民性です。政府が何か言えば、国民のほうが自粛してくれます。だから、強制力を持つ形での立法措置を取らなくても、効果はほとんど変わらないんです。こういう土壌があるので、あえて罰則付きの法律を作る必要はないと考えるわけです。現在、行政罰を付けようかという動きもありますが、シンボリックな動きにとどまるでしょう。

「翼賛《よくさん》の思想」

これは1930〜40年代の翼賛の思想に似ています。大政翼賛会の「翼賛」ですね。翼賛というのは、皇帝や天皇の行動を臣民（国民）が自発的に支持するということです。そこにはあくまで強制はありません。ですから、大政翼賛会というのは、日本を巨大なボランティア国家に変えていこう、ということだったんです。戦時中、各政党は自発的に解散して、大政翼賛会に入っていきました。

こんな話を聞いたことはないでしょうか。選挙は「出たい人より出したい人」だと。「俺が、俺が」と言って出てくる人より、皆で出したいと思う人を候補者にするのがいいということです。この「出たい人より出したい人」は、実は大政翼賛会のスローガンなんです。建前では、大政翼賛会に「強制」はありません。しかし、実際は隣組や国防婦人会というような形で、ガチガチの同調が強要されたわけです。

大政翼賛会発足

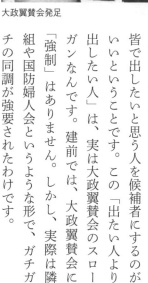

非常事態になると、日本ではこの翼賛の思想が出てくるわけです。例えば、２０１１年3月の東日本大震災の時はどうだったでしょうか。この時も、特別な法律や国民の動きを規制するようなものは作られませんでした。一方で、あの頃のキーワードは「絆《きずな》」と「ボランティア」でした。「絆」「ボランティア」という形で、翼賛の思想が現れたわけです。現在は「同調圧力」が自粛という形で生じているんです。ですから、このような政治文化が我々にはあるのだということ、このことを軽視してはいけないと思うんです。

グローバリゼーションとインターナショナリゼーション

さて、国際関係に話を戻しましょう。これまで世界は、経済活動が国境を越えて、国家の役割があまり必要なくなってしまうという「グローバリゼーション」が進んでいました。これからはこの流れに歯止めがかかると思います。

もちろん日本をはじめ、各国ではこれからも人とモノが国境を越えるでしょう。しかし、これからは国家と国家の関係、国家が主体となって経済関係や人的交流もなされていくという流れになります。「グローバリゼーション」から「インターナショナリゼーション」、つまり「地球化」から「国際化」、こういう転換になると思います。

「グローバリゼーション」は「globe＝地球」が舞台なんです。かつて「地球は青かった」と言ったガガーリンのように宇宙船から地球を見れば、そこに国境は無いわけです。だから「グローバリゼーション」というのは国境を抜きに考えていくという考え方です。

一方、「インターナショナリゼーション」というのは「国」と「国」というものがあって、その間の関係を作っていく、ネットワークを作っていくという考え方です。ですから、この二つは基本的な立場が異なります。全てがべったりと一つである世界からスタートするか、あるいは「国」というものがあって、そのネットワークで世界ができあがっているかという考え方の違いです。

「国」は「主権」を持っています。「主権」とは何かというと、究極的には国民に「死

グーグル	
◆スマホで預金口座管理	
◆自動運転技術の開発	

アップル	
◆米国でクレジットカード発行	
◆ヘルスケア事業	

フェイスブック	
◆デジタル通貨の発行計画	
◆仮想現実（VR）端末の開発・販売	

アマゾン・コム	
◆「アマゾン・ゴー」などの実店舗運営	
◆オンライン薬局	

GAFAの主な新事業領域

ね」ということを命令できる権利です。これが徴兵《ちょうへい》です。それから、国民の財産を無償で取り上げてしまう権利も持っています。これが租税《そぜい》です。これらは国が「暴力装置」を持っているから可能になります。

そうすると、ＧＡＦＡ（ガーファ）などの多国籍企業や、グローバル企業はその影響を受けることになります。いくつかの国に国籍を置く多国籍企業はもちろんですが、グローバリゼーションにのりやすいように、登記上の本社をタックスヘイブンのようなところに置いて税を逃れようとしている企業は規制を受けることになります。国の徴税権とぶつかることになるからです。とはいえ、十年後に、今あるグローバル企業がまだ存在しているかどうかはわかりませんけれどね。

グローバルからローカルへ

そしてもう1点、ＧＡＦＡのようなシリコンバレーから出てきた企業というのは、必ずしも雇用を一国で維持しようとはしません。そうすると、世界全体としてはＧＤＰが上がっても、富が各国に偏在《へんざい》してしまうことになります。国としては、年間100億円稼ぐ人が1人出るよりも、年収350万円が400万円に上がる人がたくさん出たほうが都合がいいわけです。同じだけＧＤＰが上がっても、そのほうが社会の安定に貢献するからです。その観点からも、国家はＧＡＦＡのようなモデルを好まないんです。

GAFAの20年7～9月期決算

[単位は億ドル]

	純利益
アップル	126.73（▲7）
アルファベット(グーグル)	112.47（59）
フェイスブック	78.46（29）
アマゾン・コム	63.31（3倍）

※( )内は前年同期比増減率%、▲はマイナス

　このグローバリゼーションに歯止めがかかるというテーマについては、ビジネスの現場にいる人たちの本で優れたものがありま

す。たとえば、藤野英人著『ヤンキーの虎　新・ジモト経済の支配者たち』（東洋経済新報社）。これはいわゆる「マイルドヤンキー」と呼ばれる人たちが、地方でコングロマリット（複合企業）を作っているという話です。介護やラブホテル、カラオケなどと様々な業種のビジネスをやって、地方経済の下支えをしているということです。彼らは虎のように肉食系なのだそうです。多少乱暴な表現だとは思いますが、田原総一朗さんと冨山和彦さんも『新L型経済　コロナ後の日本を立て直す』（ＫＡＤＯＫＡＷＡ）の中で、同じことを言っています。

今やグローバリゼーションに歯止めがかかっているので、こういうローカルで雇用を確保できるような会社に関心が集まってくるわけです。冨山さんもこの部分を評価しろと言っています。まさに、多国籍企業やグローバル企業から地方の企業へと、トレンドが変わっているということなんです。結局、人間は食べていかなければならないということから考えれば、これはいいことだと思います。コロナ禍《か》によって、その原点に立ち返るという流れが加速したんです。

コロナ禍によって、経済が回らなければ、食べていけない状況になってしまう人々がたくさん出るということが、現実に起こっているわけです。そうすると、国家は国債を発行してでもお金を配らなければならなくなる。このコロナ禍によって、これまでも存在していた格差の拡大が可視化されました。今は国家の機能を強化して、その格差を是正《ぜせい》しなければいけないということになります。その裏返しとして、グローバル企業に対しては規制がかかり、あの人たちに対する目も冷たくなってくるということだと思います。

そうすると、GAFAのようなグローバル企業の発展にも、歯止めがかかります。GAFAのような企業は、プラットフォームを作るだけで巨大な富を得ることができます。これからはこの多国籍企業の動きを、国家が止めていく方向に動くと見ています。すでにその動きは、ヨーロッパでの「忘れられる権利」（インターネット上にある過去の個人情報を削除する権利）の保障などといったところで顔を出しています。結局、国家とGAFAがぶつかった場合、国家のほうが強いんです。これはマックス・ウェーバーやレーニンなどに立ち返ったほうがいいのですが、最終的に国家には「力によって企業のことを抑える力」があるのです。

格差の拡大

さて、コロナ禍がもたらした2番目の問題は格差の拡大です。私が見るところ、この格差は、4重の構造を持って拡大しています。1番目は国家間の格差。2番目は国内の地域間の格差。3番目は階級間の格差。そして4番目はジェンダー間の格差です。現代は、このような格差が複合的に関係しています。例えば、沖縄県に住むシングルマザーを想定するとします。この地域は国内で経済的に強い場所ではありません。また非正規で働く人たちも多くいます。となると、国内の地域間の格差に加え、階級間の格差とジェンダー間の格差がそこに関わってくるわけです。つまり3重の格差がかかってくる。その人たちにとっては、生活が非常に厳しいという状況になるわけです。

この格差は、資本主義のシステムが今のまま続く限り、是正されません。そうすると、資本主義のシステムではなく、社会主義で行けばいいと考える人も出てきます。この処《しょ》方箋《ほうせん》は、ロシア革命から70年くらいまでは、資本主義に対するひとつの有力な対抗軸として存在しました。

しかしソ連は崩壊してしまいました。私たちは、ソ連が崩壊してから、ソ連社会の実態がどういうものかということがよくわかったんです。どうもこれは、人々にとって豊かな世界でもなければ、自由な世界でもなく、秘密警察と官僚主義におおわれた非常に厳しい社会だったんだ、ということが明らかになったのですね。ソ連や東ドイツなどの社会主義国はもちろん現実に存在はしたのですが、資本主義の国と比べると、資本主義国のほうがまだましだったというのが標準的な認識だと思います。

こういうことですから、特殊な思想を持っている人を除いて、社会主義や共産主義というものの魅力というのは、今やうすれています。ただし、今出てきているのは「この格差を何とかしてくれ」という声です。この声に応えるのが国家です。国家が間に入って格差を強制的に是正するということになる。しかし、これはファシズムの処方箋でもあるんです。

ファシズムの処方箋

ファシズムは、絶対悪のように受け止められているのですが、一口にファシズムと言っても幅があります。

イタリアのファシズムとドイツのナチズムはかなり違います。私がここで念頭に置いているのは、イタリアのファシズムです。イタリアのファシズムの場合、例えばヴィルフレド・パレートという経済学者がいます。スイスのローザンヌ学派の非常に重要な経済学者で、今でも経済学の教科書を開くと、ミクロ経済学の最初の効用のところで出てきます。選好と効用というようなところや、厚生経済学に「パレート最適」という概念があります。

このパレートは、戦前・戦中の経済辞典や百科事典を見ると、ファシズムの理論家となっています。ムッソリーニなどはパレートの影響を強く受けています。パレートは、国家が介入することによって、格差を是正していくという考え方を持っていて、イタリアのファシズムにはその色が強く出ていました。今の北欧の国々の福祉政策も、広い意味でこのファシズムの枠の中に入ると言えるかもしれません。

そういうことからも、日本の中で、国家機能を通じた富の再分配を強化していくというファシズム的な流れが、今後強まっていくかもしれません。もし、そうなった場合、ドストエフスキーの『カラマーゾフの兄弟』、この小説が重要になってくるんです（ちなみに、今年２０２１年はドストエフスキー生誕２００周年です）。『カラマーゾフの兄弟』の中で、次男のイワン・カラマーゾフが大審問官《だいしんもんかん》伝説という話をします。これは作品の中の話です。その物語の中で、16世紀のスペインに、ある青年がよみがえります。その人が黙っていると、皆彼がキリストのよみがえりだと言います。ドストエフスキーは明確にキリストだとは書いていません。もしかしたら偽キリストかもしれません。それでも、この青年はいろいろな奇跡を起こします。そうすると、大審問官が彼を捕まえてしまうんです。大審問官は厳しい異端審問を行って、人々を火あぶりにしたりします。彼が考えていることは何かというと、人間というのは利己的な存在だから、自分たちの力で富の再分配はできない。富を持っている人は、自分の食べ物を腐らせてしまうことがあっても、他人に与えようとしない。だから、人間を自由なままにしておいてはいけない。自由を制限して、ひとりひとりにパンを与えなければならない。そうやって、平等を実現するんだと考えています。そのような意味で、大審問官は共産主義者です。ですから、国家が介入して国民の平等を実現するという発想が出てくると、必ずそれはこの大審問官型になります。そして、そこでは国民の自由が規制されていくという問題が生じてくるわけなんです。

フランスの「自由、平等、友愛」

この自由と平等は、とても難しい問題です。実は今も解決策はありません。ただ、その手がかりは、フランス革命にあると私は思っています。１７８９年のフランス革命のスローガンは有名な「自由、平等、友愛」です。

パリのシャンゼリゼ通りでフランス国旗を振る黄色いベスト運動の参加者

自由をそのままにしていると、現代のように格差が広がります。反対に平等を実現するために国民に厳しくすると、自由がなくなってしまいます。だから、ある程度の格差は認め、自由もある程度制限する。その基準となるのは何かというと、われわれは仲間なんだから、助け合おうという意識です。つまり「友愛」によって、自由と平等の間の折り合いを付けていく。これがフランス革命の考え方だったんですね。

ですから、「自由民主主義」といいますが、本来ベクトルが違う「自由」と「民主主義」の折り合いをつけていくということが重要になってきます。フランス革命のスローガンには、このバランスを保つためのヒントがあると思います。

「友愛」の役割

「自由」というのは、お互いの「差異を認める」ということです。だから、「自由」を放置すると能力・適性の差異によって格差はどんどん拡大していくんです。

反対に「平等」ということは「フラットにする」ということですから、今度は身動きが取れなくなるんです。私たちは「自由」も必要だけれど「平等」も必要なので、その間のどこかで折り合いをつけなければなりません。

全く別のベクトルを持った二つの緊張の中で、どこかに均衡点を見つける必要があります。そのカギになるのが「友愛」です。

「友愛」というのは「友達だから、このあたりでよしとしよう」ということです。つまり、「折り合い」のこと、どこかで妥協するということです。その原理は何かというと

「友達だから」ということです。お互い友達なのだから、まあこれくらいにしておこう。あいつは今、調子がいいから収入が下がってもいいじゃないか、しかし今回は取りすぎだ、そういう感情に客観的な基準はありません。だから人間と人間の関係、つまり「友達」という関係で処理するわけです。

「社会」が前提

でもこれは社会があることが前提です。「個」しかないということになると、これはなかなか難しくなってしまいます。つまり、自分さえよければいいということになってしまう。いわゆるサブカルでいう「セカイ系」というものです。私と彼女の2人だけで地球の終わりに直面する、というような。そこには社会は不在です。ですから社会がしっかりしていないと身動きがとれなくなります。

その意味においては、日本で今、消費増税といったら皆反対するでしょう。それは、皆、手元に少しでも可処分所得を置いておきたいと思うからです。でも実際には税を取ることによって、国は国民に富の再分配をするわけです。間接税は逆進性が高い（収入の少ない人ほど、生活必需品に対して払う税金の割合が高く、収入の多い人よりも税負担が大きい）といわれますが、それは再分配をどうするかによって変わってきます。

つまり、福祉ということをきちんと考えて再分配をするならば、増税というのは、逆に経済的に弱い立場にいる人にとってプラスになるんです。ところが、なぜ皆、減税を望むのか。それは政府だけでなく、社会に対する信頼がないからです。

格差が広がる現実に対して、自己責任論が必ず出てくるように、自分のことは自分で守らなければならないという発想になってしまう。もちろんそれは、マクロではなく、ミクロの側面から見れば正しいんです。だから、そこにおいて有識者（私自身も含まれると思っています）は政治を監視すると同時に、ポピュリズムに流されないことが必要だと思っています。財源には限りがあるのだから増税しないといけない、全て国債に頼っていたらだめですよ、と言うのは、有識者の責務だと思います。未来の世代に借金をしているような発想はだめですよと。そういうモラルハザードの境界線が、現在は非常に曖《あい》味《まい》になってきています。

「自助」と「国助」

菅義偉《すがよしひで》首相が「自助」「共助」「公助」などと言いましたが、本当は「自助」なんて言う必要はないんです。皆やっていることなんですから。

一方で「共助」（地域社会での協力）や「公助」（公的な支援）は、もっと言ってもいいと思います。ただし、実際に目に見える形で話してもらわなければわかりませんよね。

本当は「公助」といっているのは「国助」のことなんです。ここでは「公《おおやけ》」と「国」（少しむずかしい言葉で言うと「代表的具現の公共性」）が限りなく近づいてしまっています。

本来「社会」と「国」は違います。「公」助とは「社会」の話なのだから、ここでいう「共助」と一緒なんです。だから、説明するのであれば「自助」「共助」「公助」ではなく、「自助」「公助」「国助」なんですよね。「国」と「公」がぐちゃぐちゃになっているという今の日本の雰囲気をよく表しているともいえます。

第2章

アメリカの情勢

大統領選挙

それでは民主主義のチャンピオンと見られているアメリカの様子を見てみましょう。去年11月の大統領選挙でトランプ氏から、バイデン氏に大統領が代わりました。われわれがアメリカの大統領選挙の選挙権も被選挙権も持っていないのにここまで注目するのは、アメリカの大統領選挙が、世界大統領選挙の意味を持っているからです。誰がアメリカの大統領になるかで、われわれの生活にも無視できない影響があるからです。

日本の報道を見ていると、バイデン大統領になって、トランプ元大統領のような無茶苦茶な時代ではなくなる、とりあえずよい方向に進むだろう、という見方が大勢を占めています。また、バイデン大統領は国際協調的な価値観を持っている、こう考えている人が多い印象です。

しかし、私はこれは間違いだと考えます。アメリカの民主党は、トランプ氏という共通の敵がいたから、まとまることができたんですね。民主党の大多数にとってバイデン氏はトランプ政権を阻止《そし》するという消極的な動機によって選ばれた大統領に過ぎません。トランプ氏という共通敵がいなくなってしまうと、民主党の本来の政策である「アイデンティティーの政治」が表に出てきます。

アイデンティティーの政治

「アイデンティティーの政治」とは、どういうことでしょうか。例えば、黒人でストレート（異性愛）の人がいます。こういう人たちは、当然のことながら、自分たち黒人の利益を主張します。一方で白人でゲイの人がいます。彼らも当然ながらゲイの権利を主張するでしょう。

あるいは、黒人、白人に関係なく、ヴィーガン（完全菜食主義者）であることを主張する人がいます。そのほかにも「私はポーランド系だ」「私は韓国系だ」「私はアイルランド系だ」と、自分のルーツを重視する人たちもいます。

それだけではありません。「私はバプテスト派のキリスト教徒だ」「私はモルモン教徒だ」「私はイスラム教徒だ」と、自分の宗教を重視する人だっています。様々なアイデンティティーが絡《から》み合うわけです。そして、このアイデンティティーを重視するという政治が民主党の中心的な考え方です。そうすると、これはなかなか共通の敵を見出しにくいですよね。一つにはまとまらないんです。ですから、バイデン大統領のアメリカというのは、これから国内をまとめるのが大変になると思います。

赤vs.青ではなく、紫

そもそも、アメリカ大統領選挙に関する日本の報道を見ていると、地図を示して「ここは共和党が強いから赤です」「ここは民主党が強いから青です」ということを言っていましたよね。私はあの表示が誤解の元だと思います。

ペンシルベニア州中央部・郊外の道路際に掲げられたトランプ支持派の看板

アメリカ国内は、赤と青であのようにはっきり分かれているわけではありません。もっとドット（点）を細かく打たなければならないと思います。つまり、ある都市をとっても、一番の中心部というのは、経済的にそれほど恵まれていない人が多く住んでいます。だから、民主党支持者が多いんです。中産階級、上流以上は郊外に出るので、郊外の一戸建てに住む人々には、共和党の支持者が多いんです。

そういう観点からすると、一つの町でも赤と青に分かれるわけです。さらに細かくドットを打っていき、遠くから見ると、赤と青が混在するという状況になります。赤と青が混ざると何色になるでしょうか？　そう、紫色になりますよね。アメリカの政治状況というのは紫なんです。そしてある所は赤の色が少し強い紫で、ある所は青が少し強い紫になる。こういうスペクトラムと見たほうがいいと思います。ですから、分断というものは、あらゆる場所におよんでいるわけです。

このようなアメリカ国民を一体化していくというのは、なかなか難しいことだと思います。

ロビー活動

ちなみにこのアイデンティティーの政治というのは、日本と韓国の外交問題にも影響を与えます。

先ほども例を挙げたように、アメリカには、アイルランド系や韓国系、ポーランド系やレバノン系などと様々なルーツの人たちがいます。その中にはもちろん、日本系、ドイツ系もいます。

しかし、日本系とドイツ系の人たちは、ロビーを作って政治活動をすることを避ける傾向があるんです。どうしてだと思いますか？　これは第二次世界大戦でアメリカの敵国だったからです。アメリカの中では、日本人とドイツ人が政治的な活動をすることについて、タブー感があるんです。

それに対して、韓国人はロビー活動をします。慰安婦問題や徴用工問題について、トランプ政権は「これは日本と韓国の問題だから、二国間で解決してください」ということになりました。しかし、バイデン政権になった今、韓国系ロビーの人たちの影響がそのまま政権におよぶ可能性があります。

ちなみにアメリカには沖縄にルーツを持つ人たちもたくさんいます。この人たちは自分たちが沖縄人だというアイデンティティーを持っています。日本人だというアイデンティティーは持っていません。ウチナーグチ（琉球語）を話す人たちはいますけれど、日本語は忘れているという場合も多いんです。例えば、ハワイのイゲ知事も、ホームページに「私のルーツはＯｋｉｎａｗａｎだ」と書いています。ジャパニーズとは書かないわけですね。

ですから、アメリカにいる沖縄系の人たちの一部は、沖縄の権利を守るという形でのロビー活動を行います。現に、彼らは辺野古の新基地建設に反対するロビー活動をやっています。このところは、沖縄のアイデンティティーという側面から、日本がアメリカで影響力を持ちうる。ただそれは、沖縄県の人たちのアイデンティティーとして、日本自体にもはね返ってくるわけで、日本国内でもアイデンティティーをめぐる問題というのは無視できない要素となる可能性があるんです。

日米首脳会談

日本は菅義偉首相がアメリカを訪問し、4月16日の首脳会談後には共同声明を発表しました。今回、日本はうまくやっていると思います。

アメリカは、中国のことがあるので台湾のことを言いたくて仕方がないわけです。そんな時、日本は「台湾海峡の平和と安定の重要性」を確認すると言いました。「台湾海

バイデン大統領と菅首相の共同記者会見、ホワイトハウスにて、2021年4月16日

峡」と「台湾」では意味が全く異なります。「台湾」の安全ではなく、「台湾海峡」の安全です。

海峡は航行の自由が国際海洋法で認められています。領海内を軍艦が通ることは国際法違反になるでしょうか？　たとえば北朝鮮の軍艦が犬吠埼沖《いぬぼうさきおき》を通った場合、国際法に反するか反しないかというと、これは合法なんです。

無害通航権というものがあります。「無害」というのは、漁をしたり、ゴミを捨てたりするなどということをしないという意味です。そういうことをせず、停まったり、錨《いかり》を下ろしたりせずに航行するだけならば、合法です。

国連海洋法条約では、軍艦を含めて無害通航権が認められ、この条約は中国も批准《ひじゅん》しています。だから日本近海を外国の船が通っても、文句は言えないんです。唯一の例外は潜水艦です。潜水艦だけは浮上しなければならないことになっています。だから、日本のメディアが『台湾』について言及」と台湾にカギかっこをつけているのはなぜかというと、「台湾海峡」について言及しているからなんです。そもそも台湾海峡は幅が広く、一番狭いところで130キロもあります。中央部はどちらの領海でもなく、排他的経済水域（EEZ）です。台湾海峡の航行の自由は国際法で保障されているので、新しいことは何もないし、何の問題もありません。だから、日本が「台湾」の安全を保障するといったら、自衛隊を送るのかという話になりますが、「台湾海峡」だったら今と何も変わらないことになります。

アメリカは、「台湾」という言葉を入れてほしいという要望に応えてもらったので、それで喜んでいるんです。朝三暮四という言葉がありますが、猿に対して朝ドングリを3つあげて、夕方に4つあげるといったら、猿たちはとても怒ったと。それで朝ドングリを4つ、夕方には3つにしたら猿たちは喜んだという。これと同じですよね。このことからも、日本はうまくやっていると思います。

台湾をめぐる今後の中国の動き

この台湾ですが、近い将来、少なくとも20年くらい先までの範囲では、中国化はまずできないと思います。中国は台湾の世論を操作したり、台湾の経済を通じて体制を転覆することはできません。もし台湾の体制を変えて中国化しようすれば、どうしても武力が必要になるわけです。台湾に中国軍を送る場合、台湾は山ですから、大陸側からだけ兵隊を送っていると、台湾全体を占領するのが間に合いません。そのうちにアメリカの航空母艦が来てしまいます。となると、台湾全域を押さえてアメリカの航空母艦に対応するためには、日本の与那国島を押さえなければならなくなります。これは台湾侵攻イコール日中戦争ということを意味します。

与那国島に中国軍が上陸すれば、もちろん自衛隊が動きます。それが日中間の戦争に

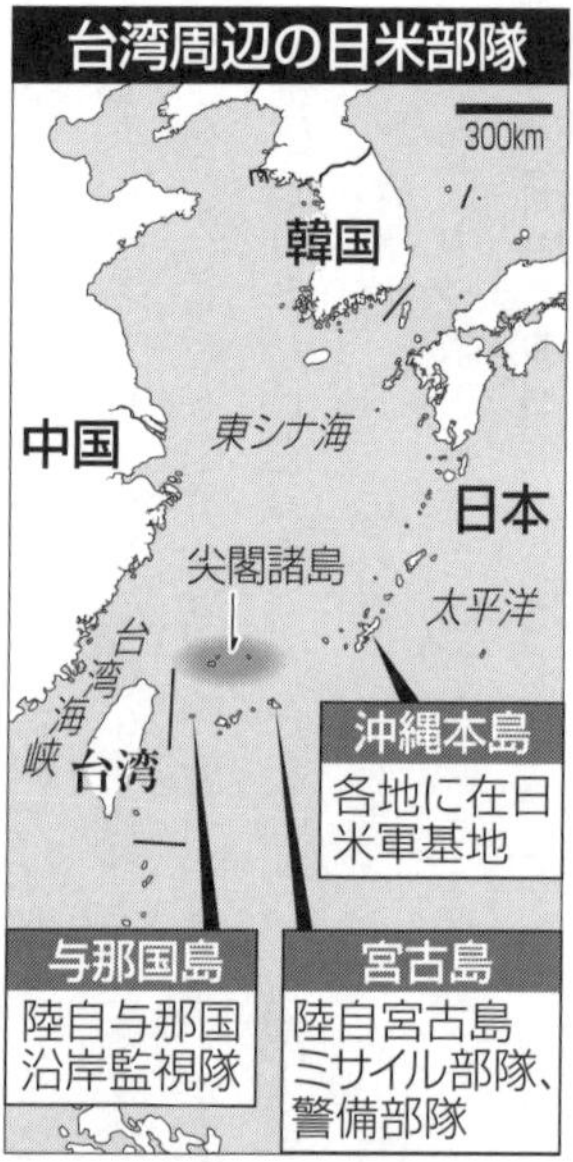

発展することを中国もよくわかっています。そして、日本と戦争をするということは、同時に日米安保条約の同盟国であるアメリカと戦争をすることにもなります。ですから、日米との戦争を覚悟しない限り、台湾を中国化することはできないわけです。習近平政権はそれをよくわかっていると思います。

今のところ中国は、国内の問題と、香港の問題で手一杯だというところが現状だと思います。中国の最大の問題は雇用の確保なんです。だから、アリババとかファーウェイに対しても、中国共産党は「母子家庭の人たちを中心に採用しなさい」とか「職を失った人、今回のコロナ禍で失業した人たちを優先的に採りなさい」と、労働市場にかなり介入しています。すると意外なことが起きてしまいました。比較的所得の低い人々が収入を得て、消費をするようになり、ＧＤＰが伸びたんです。

ＧＤＰがマイナスになるのではないかという一種の福祉政策として雇用政策を始めたら、結果としてＧＤＰが伸びました。各国が軒並みマイナス成長のなかで、中国はプラス2・4％の成長です。そういう結果になったのは、中国の社会政策がうまくいったということだと思います。今はそのことに集中していて、台湾に侵攻していく余裕はないと思います。

ウイグル問題

中国に関連する問題はもうひとつあります。ウイグルの問題です。ウイグルと台湾を比べると、中国にとってどちらがより重要な問題でしょうか？

これは、身近な例で考えるとわかりやすいと思います。たとえば、ある会社が子会社を切り離して身売りするという話と、Ｍ＆Ａで別の会社を買収するかもしれないという計画があったとします。この2つのうち、会社全体にとってより深刻な案件はどちらでしょうか？　やはり子会社を切り離すほうだ、ということになると思います。

ウイグルは今、中国が実効支配している地域です。それが外国の干渉によって、民族自決権がさけばれて、中国から切り離されるかもしれないわけです。将来取れるかもしれないものの話と、今あるものが切り離される話では、ウェイトが違うんです。だから、中国にとって、ウイグル問題のほうが圧倒的に深刻です。

そのウイグル問題に対して、アメリカをはじめとする国際社会が中国に圧力をかけようとしている時に、日本は口だけの圧力で、実際に制裁を加えていないG７（日米英仏独伊加）唯一の国なんです。今回の首脳会談で中国に「制裁を加えない」ということをバイデン大統領に納得させました。日本は同盟国なので、アメリカと違うことをやったことが成果だとは大きな声では言えず、静かにしています。だから、共同声明に「台湾」という言葉が入ったので、日本はアメリカと一緒だと言っているのは、実は面従腹背もいいところなんです。日本はかなりしたたかな外交をやっています。

それから、アメリカは日米首脳会談の前日にロシアの外交官を10人くらい追放しています。アメリカはロシア問題も俎上《そじょう》にのせたいのだけれど、日本はそういう話はしたくない。そこはロシアに対して配慮もしているわけです。

この菅政権というのは不思議な政権です。内政を見ていると本当に危なっかしいし、大丈夫かと思うようなことはたくさんありますが、私が見る限り、外交はほぼ満点に近い。それは裏返せば、外交は全て専門家に任せてしまっている、ということです。官僚の提案に対して、それでいい、それで進めようということになるので、日本の一番の専門家たちの腕が十二分に発揮されているということです。

中国・新疆《しんきょう》ウイグル自治区

そういうわけで、今は不思議な状況になっています。中国にもっと圧力を掛けろと言っているのは自民党の中の右派の人たちと共産党なんです。他の野党では山尾志桜里さん（次期選挙には出馬せず政界引退を表明）など、特定の人です。それに対して政府はウイグル問題であまり無理はしない。

尖閣《せんかく》諸島に関しても、共産党は国際法の道理をついてもっと厳しくやれ、政府は弱腰だと言っているでしょう。しかし、そんなことをして戦争になったら困るから、そういう態度は回避するというのが現政権なんです。後期安倍政権からそうなのですが、極右と呼ばれる人たちと共産党の両方がナショナリズムをあおり立てると、自公政権の中心的な人たちが「まあまあ、穏便に」となだめる。これまでの関係が逆転しているという、不思議な構造になっています。

バイデン時代の対中関係

さて、バイデン氏が大統領になり、アメリカと中国との関係はどうなるのでしょうか。これに関しては、トランプ氏の時よりも難しくなると思います。もちろんトランプ氏が大統領の時も、様々なことで米中は対立していました。しかし、最終的にトランプ氏が貿易赤字をどう解消するのかというところでディール（取り引き）をする。それによって二国間の関係を安定させることができたんです。ところがバイデン氏の場合は、香港やウイグル人の処遇など、人権問題に関しては、アメリカの原理原則に関わることとして厳しく対処することになると思います。

さらに注目すべきことは、キリスト教です。バイデン大統領の宗教は何でしょうか。彼はカトリック教徒なんです。アメリカでカトリック教徒が大統領になったのは、ケネディ大統領に続いて実に2人目です。アメリカでは、これまで大統領は基本的にプロテスタントでした。

ケネディ大統領はアイルランド系、バイデン氏もルーツはアイルランドです。アイルランドではカトリックが非常に強いですから、やはりバイデン大統領にもその要素があるんです。その場合、中国との間で何が問題になるかというと、教会です。

バチカンの戦略

今年の3月には、ローマ教皇がイラクを訪問しました。本来ならいつ行ってもよかったんです。ところがなぜこのタイミングで行ったかというと、バイデン氏が大統領になったからです。

イラクにはカトリックのカルデア派という教会があります。5世紀に、キリスト教の異端でネストリウス派という教会がカトリックから分かれます。16世紀、そのネストリウス派が教義は変えないまま、ローマ教会に所属するということになったのがカルデア派です。サダム・フセイン政権の時に、副首相で外務大臣も務めたアジズ氏という人がいました。彼はこのカルデア派のクリスチャンです。ローマ教皇をはじめカトリック教会と西側諸国がイラク政府に働きかけた影響もあって、アジズ氏は死刑にならず、結局獄中で心臓発作を起こし、搬送先の病院で死亡しました。

カトリック教会が今動き出したのは、これをきっかけにイラク国内の体制を整えて、シーア派の指導者と会い、イランと切り離すのが目的です。アメリカの外交をやりやすくしているんです。ですからこれはトランプ氏の時と違って、バチカンは明らかにバイデン氏を見ています。そして、バイデン氏がカトリックだということを意識しています。

一方、バチカンと中国は現在国交がありません。カトリック教会では、高位聖職者

（司教）の任命権をバチカンが持っています。日本でもドイツでも、司教はバチカンのローマ教皇庁が任命しています。ところが中国はその人事を認めていないんです。中国には、「天主教愛国会」という中国共産党が認めたカトリック団体があって、そこが人事をやっています。中国の教会の人事は中国人がやるという、そこでもめているわけです。

それでも、この問題については解決しつつあります。バチカンが任命した人事を、中国も容認しているんです。バチカンの人事を追認しているのではなく、あくまで中国の天主教愛国会で決めたら、たまたま同じ人事になったという体裁です。こういう形でお互いの立場を崩さずに、妥協策を探っているという状況です。

今、中国でも徐々に格差が広がっています。そうすると、もはや共産党の思想によって国民全体をまとめ上げることはできなくなりつつあるんです。

イラク北部モスルの旧市街を訪れたローマ教皇フランシスコ（右）

特に病に苦しんでいる人、死に直面している人、そして貧困にあえいでいる人。これらの問題をすぐ解決することは、現実的にはできません。もともと死の問題なんて、誰にも解決できるものではありません。そこに宗教が入ってくるわけです。ただ、その宗教が共産党の体制を壊すことになってはいけない。そんな中で、カトリック教会は過去の歴史の中で様々なノウハウを蓄積しています。独裁国や共産国でも、教会を維持するためならいろいろな妥協ができるんです。バチカンは、自らの教会の人事さえできれば、あとはその国の政治にはさわらないからです。

ここのところでバイデン大統領が乗り出してきて、中国とバチカンの間の国交正常化を仲介するということは十分あると思います。

日本の宗教への影響

バチカンと中国が関係を正常化することによって、日本にも大きな影響があると思います。日本におけるカトリック教会の力というのは極めて限定的ですから、そこではありません。問題は創価学会なんです。

創価学会は世界宗教化していて、創価学会インタナショナル（ＳＧＩ）という各国の創価学会のネットワーク組織があります。ただし、中国では布教活動をしていないので、創価学会は中国には存在しません。もっとも、中国は一国二制度なので、香港とマカオにはＳＧＩがあります。実際に香港、マカオの信者だけではなく、その近隣から香港、マカオに通ってくる創価学会のメンバーもいます。これについて中国政府は介入していません。創価学会の活動というのは中国の中で黙認されているんです。

さらに各大学には池田思想研究所という研究機関があります。ここでは池田大作氏の思想を研究しているんですが、この池田思想研究というのは、創価学会の信仰と切り離せません。

もし中国が創価学会の活動を解禁すれば、それはあっという間に２０００万人、３０００万人のメンバーが生まれることが予想されます。中国とバチカンとの関係が改善する時というのは、中国での他の宗教活動も認められるということで、創価学会の活動も

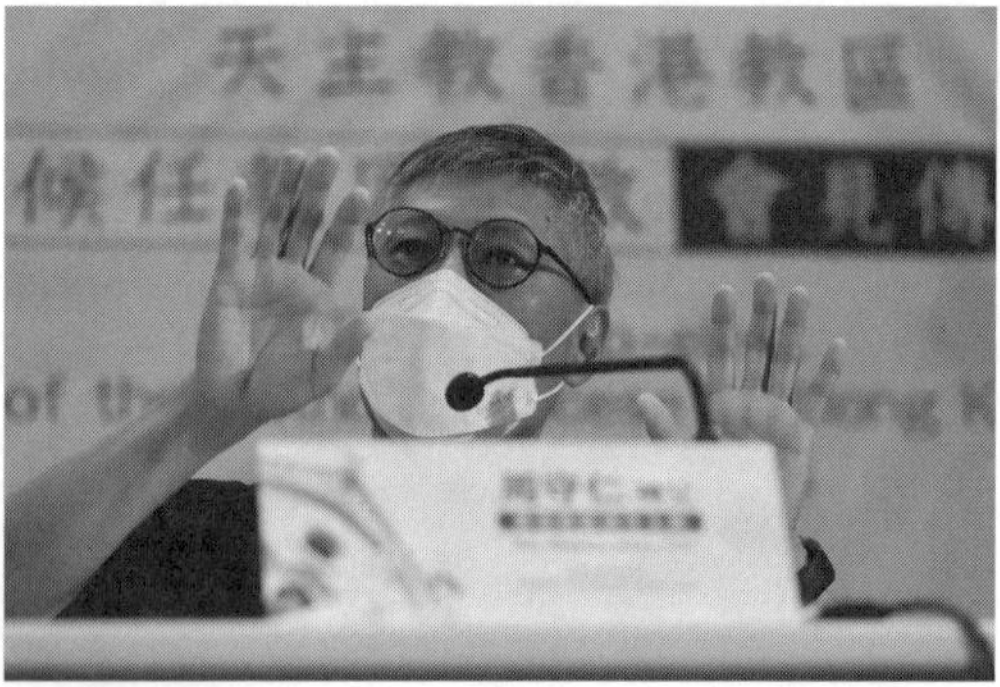

教皇フランシスコは、2021年5月17日、香港の新たな司教として周守仁神父を任命したと発表した。

認められることになります。ですから、その時は東アジアの宗教地図を塗り替えるような大きな出来事につながると思うんです。バイデン政権は、こういう面において、その宗教政策も非常に注目すべきだと思います。

公明党の支持母体は創価学会です。創価学会の世界宗教化において、中国は重要な国です。そのため、公明党は全力を挙げて日中の軍事衝突を避けるだろうと思います。ですから、公明党が連立与党にいる限り、日中の戦争は起こらないと見ています。

もちろん日本にも中国を批判する人たちはいます。しかし、そういう反対の意見を持った人たちは常に存在します。ネトウヨや今の日本共産党もそうです。こういう勢力に対しては、やはり全体として見て、中国との関係においては戦争を避けるようにすると思います。もちろん中国にも様々な問題がありますが、共存していこうという人たちとの力比べになるわけです。だから、創価学会を支持母体とする公明党はこれからも非常に大きい意味を持ちます。

ちなみにカトリック教会も、中国をめぐって戦争を起こさないということにおいては、価値観は一致しています。核廃絶の姿勢も明確にしています。これらを考え合わせると、中国を核廃絶の方向に持っていく上においても、カトリック教会や創価学会などが中国に入っていくのは非常にいいことなんです。

そのような意味でも、官僚が書き、どこを見ているのかよくわからないバイデン大統領の演説を分析するよりも、創価学会が今後中国でどうなっていくかという可能性について見たほうが、正確な情勢認識ができると思います。

逆に言うと、公明党がなぜ中国のことであそこまで関係改善に努力するのかということです。それはやはり支持母体の創価学会の将来について考えているからだと思います。彼らは、自らの宗教の世界宗教化と「仏法西還」、つまり仏教が西に戻っていくんだという二つの点について考えていると思います。それは、中国で宗教が公認にならなければできないことですから。彼らは、そのような確固たる思想に基づいてやっているわけです。私がなぜ創価学会のことを雑誌に10カ月も連載して『池田大作研究』（朝日新聞出版）にまとめたかというと、創価学会のことがわからなければ、外交がわからないからです。創価学会がどういう理屈を持っているかということを理解せず、ただの新宗教団体だと見ていると、それはわかりません。内在している行動論理がどのようなものなのか知ることが大切です。

トランプ政権の逆を行く

バイデン政権についてはもうひとつの特徴があります。それは、今のところバイデン政権がやっている外交というのは、トランプ政権の逆打ちだということです。例えばトランプ政権は、アフガニスタンでタリバンと話をして、アフガニスタンから米軍を引き上げ、関与を消極化していくという方向で政策を進めていました。ところがバイデン大統領は、当初それをやめて、アフガニスタンに米軍を残すという選択をしました。しかし、4月14日に、バイデン大統領はアフガニスタンから米軍は完全撤退すると表明しました。基本政策で右往左往しています。

中東イエメンについて、トランプ政権はフーシ派をテロ団体に指定しました。このフーシ派は背後でイランのイスラム革命防衛隊から支援を受けています。ところがバイデン大統領は、フーシ派のテロ団体の指定を解除しました。となると、アメリカは中東への関与を減らしていくということになるわけです。一方、イランとの関係では対話を再開し、関与を強めています。しかし、オバマ政権よりは厳しい態度をとっています。バイデン政権の中東政策は、整合性が取れていません。しかし、これは整合性というよりも、トランプ政権がやったことの逆打ちをしていると見れば、納得できるのではないでしょうか。

日本の対米政策

日米首脳会談の箇所で触れましたが、菅政権は外交に関しては満点に近いと思います。それは外務省の秋葉剛男事務次官（当時。２０２１年７月に国家安全保障局長に就任）と北村滋国家安全保障局長（当時。２０２１年７月に退任）がしっかりしていたからです。秋葉氏は、非常にバランス感覚に優れ、知識が豊富です。菅政権の外交がうまくいっているのは、この2人の力が大きい。彼らはいわゆる帝国主義外交とは対極にあります。ひとつの価値観でごり押しせずに、折り合いをつけていくんです。自民党の右派と野党がナショナリズムをあおっている中で、軟着陸させて戦争を避け、感情による外交をやめるという方向で頑張っています。

そんな中、アメリカとの関係で、対米従属論の極端な議論はよくないと思います。「アメリカは、すごくこわいものをもっているから、我々は何もできない」「アメリカから完全に独立をしなければ日本は何もできない」というのは、言い訳に過ぎません。

世界でアメリカに従属していない国なんてひとつもありません。もちろん、イランとか北朝鮮、中国やロシアはアメリカから独立して外交政策を展開しています。でもそれ以外の国は、何らかの形でアメリカの軍事同盟国なんです。軍事同盟による一定の制約はありますが、その中でできることはいろいろあります。それをいわゆる対米従属論者が全部丸投げしてしまっている状態です。

中国・王毅外相と握手する外務省・秋葉剛男事務次官（当時）

かつては社会党が強かったからよかったんです。日本社会党と日本共産党の間で、日本の帝国主義とアメリカに対する認識に大きな違いがありました。

共産党はアメリカ帝国主義に従属する日本の独占資本は、アメリカ帝国主義が主導的役割をはたしている、つまり日本はアメリカにしばられて何もできないのだと言っていました。だから、まず民主革命を起こしてアメリカを打倒し、それから社会主義革命をするべきだと唱えた。二段階革命論なんです。

一方、社会党は日本の独占資本は既に自立していると考えました。日本の独占資本は十分力がある。彼らは日本政府にとって利益があるからアメリカと関係を持っていると。だから打倒すべき対象というのは、日本の独占資本であって、社会党は一段階革命論なんです。

だから日本では、非常に不思議な現象が起きていて、社会党のほうが共産党より右のはずなのに、社会党と新左翼は親和性が高く、社会党は新左翼を「同盟軍」と言っていました。それに対して共産党は新左翼を「ニセ『左翼』暴力集団」と言っていました。

プーチン大統領を表敬訪問した北村滋国家安全保障局長（当時）

こういうねじれの中で、社会党のようなマルクス主義の影響が一定程度ある社会主義勢力に、平和主義勢力がありました。そうすると自民党のほうも、相当理論武装をしていました。そして政策においても、革命を阻止するため、労働者の処遇を改善しようと一生懸命取り組んだのです。

ところがソ連崩壊と共に社会党はなくなってしまいました。共産党という独自のイデオロギーと生態系を持っている政党の影響力というのは、思想的にはかつてなく強まっているんです。

ところで共産党は、太平洋戦争終結後、沖縄独立を主張してきました。しかし八十年党史で沖縄独立の主張は当時の指導部による間違いだったと書いています。沖縄に対する差別が存在していることも認めません。共産党は来年２０２２年で結党１００年ですが、党の１００年史でどのように過去の話を整理してくるのか、私は非常に強い関心を持っています。

第3章

ミャンマー問題から、米中対立の構図まで

アメリカの対ミャンマー政策

バイデン政権で最大の外交問題といってもいいのは、ミャンマー問題です。ミャンマーでは今年2月1日に国軍がクーデターを起こして、アウン・サン・スー・チー国家顧問を幽閉してしまいました。これに対し、アメリカはいち早く非難声明を出して、ミャンマーの軍事政権に対して制裁を加えることにしました。しかしこの政策、戦略的にはあまりうまいやり方ではありません。

どういうことかと言うと、アメリカはオバマ政権の時、外交的に重要なことを二つ行いました。一つはアフリカ・南スーダンを独立させたこと。もう一つがミャンマーの軍事政権との関係改善なんです。この二つの国は遠く離れていますが、実は深く関係しています。それを解くカギとなるのが、中国です。2国に対する中国の影響力を減らしていくということなんです。

南スーダン北部ユニティ州の石油施設

スーダンという国は、北と南で宗教・部族が違います。エジプトに近い北部は、イスラム教徒です。南部は半分がキリスト教徒、残りの半分が虫の蜘蛛《くも》を信仰する原始宗教です。この南スーダンで石油が取れることが明らかになり、中国が積極的に進出をしていました。このままスーダンの石油開発を中国が行っていると、中国はエネルギーでの独立性を強めてしまう。このことにアメリカが危惧《きぐ》の念を抱きます。そして、南スーダンを独立させて中国資本を追い出し、アメリカを中心とする石油資本（メジャー）によって南スーダンの石油開発権を奪ってしまうわけです。

歴史の例からするならば、第二次世界大戦の満州国の建国に近いような形で、南スーダンというのはアメリカの傀儡《かいらい》国家なんです。そうして、中国のエネルギー源を断とうとした。これがオバマ政権の時の南スーダン独立の本質です。

南スーダン

日中戦争

もう一つ、アメリカとミャンマーの軍事政権とが関係を正常化したことについては、日中戦争の歴史から少しおさらいをしてみましょう。

日中戦争で、日本は当時の中華民国の首都・南京を占領しました。その後、南京の蔣《しょう》介石《かいせき》政権は重慶まで逃げて行きました。日本は汪兆銘《おうちょうめい》政権という傀儡政権を南京に作ります。

そして重慶には海軍が、九六式陸上攻撃機で空爆・空襲をするわけです。ところが、重慶は音を上げない。蔣介石政権は持ちこたえるんです。どうしてかというと、当時のイギリス領インドからミャンマーを通じて武器、人員、食料等の補給を受けていたからです。

当時、日本はこれを「援蔣《えんしょう》ルート」と言っていました。蔣介石を援助するルートという意味です。ミャンマーを通じた援蔣ルートがある限り、重慶政権は倒れない。だから日本はこの援蔣ルートを断ち切るために、1944年にインパール作戦を行ったわけです。ところがインパール作戦は失敗してしまいます。結局、援蔣ルートを断つことができませんでした。

インド・インパール

オバマ政権の時にアメリカが考えていたことは、このインパール作戦と同じです。中国は、ミャンマーを経由しなければ、インド洋に出て行くことができません。裏返すと、ミャンマーをアメリカ側に引き寄せ、中国との関係を断ち切るように仕向ければ、中国は西への出口を失います。こういう戦略から、アメリカは当時国軍のミャンマー政権と関係を正常化するわけです。「アウン・

サン・スー・チーさんをいじめないで、仲良くやってね」ということなんです。ところが、スー・チー氏と国軍が今ひとつ仲良くなりませんでした。

それでも、アウン・サン・スー・チー氏が民主的だという話は、今やあまり通らなくなってしまいました。ロヒンギャ問題があるからです。スー・チー氏たちがロヒンギャの人たちにやっていたことは、ある意味ジェノサイドといえます。人権や民主的な権利を守るという、そういう体質の政権ではないわけです。だから今、ミャンマーで起きていることは、民主化対軍事政権の対立と見るのか、それとも権力抗争と見るのか、非常に難しいところなんです。

ロヒンギャ避難民の流れ

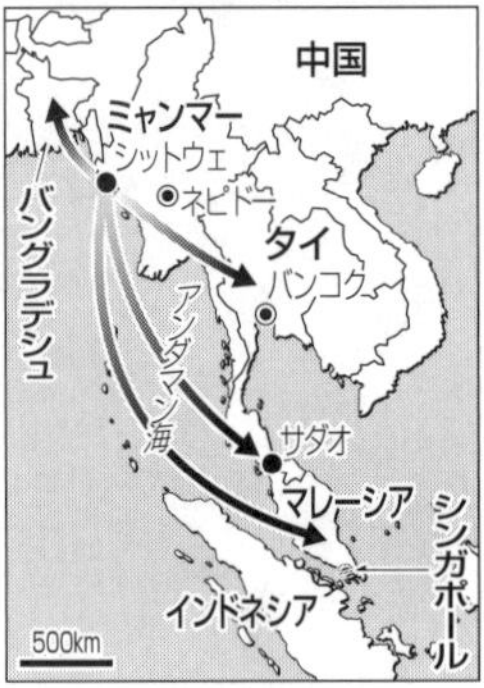

日本政府はこのことを非常に冷ややかに見ていまして、ミャンマーに対する制裁についても慎重です。それから、アメリカに対しても「あんまりミャンマーに制裁を加えると、ミャンマーが中国側に行っちゃいますよ。それは得策なんでしょうか？」という働きかけをしています。

インドネシア・アチェ州で救助された、ロヒンギャ難民。2020年6月25日

実際、今アメリカと日本はよく話し合った上で、ミャンマーに関しては立場の分担をしています。日本は国軍の政権との対話と連絡、アメリカは民主化に向けての圧力をかけていくという役割分担です。これは日米間でよく連携が取れていると言えます。ですから、ミャンマーとの外交に関しては、日本は大きなプレイヤーとして活動しているということになります。

ミャンマー軍事政権への日本の態度

日本は中国のウイグル問題、ミャンマーの人道的な問題について、なかなか賢明な政策を取っていると思います。一番のポイントは、人道的問題について過度の干渉をしていないということです。その理由は、これらの国が第二次世界大戦中、日本軍が展開していた国だからです。もしそういう点に過剰に干渉すれば、逆に、歴史的に日本は人権について言えるようなことをしていたのかと批判されてしまうでしょう。歴史認識問題に発展しかねません。

たとえば、韓国は朴正熙政権時代に自由が制限された非人道的な国家だった、と日本政府が言ったとしたら、韓国の左翼も含めて怒り心頭に発するでしょう。あれだけ植民地支配をしていた国が何を偉そうに言うんだと。

ミャンマーでも、日本は過去に3年間軍政を敷いていました。中国においても同様のことをしています。だから、そういう国への関与は気をつけて行わなければなりません。日本が人道問題に触れようとすると、歴史認識の問題になってしまうんです。

日本の果たすべき役割とは

日本のミャンマーの軍事政権へのルートは十分ではないけれど、ある程度、機能していると思います。今必要なのは、軍事政権をきちんと説得して、警察力によって治安を担保させるということです。軍隊というものは敵を中立化する、つまり殺害してしまうのが仕事です。しかし、自国民は敵ではありません。アメリカの場合、そういう時には国の軍隊ではなく、州兵を使います。日本なら機動隊です。ミャンマーも、国軍ではなく警察力によって治安を回復するべきだということを日本が働きかけて、その転換を支援しなければならないと思います。

ミャンマーのミン・アウン・フライン総司令官

米中対立

現在のアメリカと中国の対立は、東西冷戦の時の米ソ対立とは根本的に違います。二つは全く異質なものと考えたほうがいいと思います。

アメリカはまずトランプ政権の時に大きな間違いをしているのですが、オブライエン大統領補佐官（国家安全保障問題担当）は「中国は共産主義国だ」「共産主義の脅威なのだ」と言っていました。しかし、中国は世界を共産化しようなどとは思っていません。そして、中国が脅威なのは「共産主義だから」ではなくて、「帝国主義だから」です。ですから、これは20世紀初頭の帝国主義下の各国対立に似ているのであって、東西冷戦の時のような、イデオロギーに基づいた対立ではないのです。

それから、東西冷戦というのは、ヨーロッパにしか使えない概念です。我々アジアの国々の人間にとっては、朝鮮戦争もベトナム戦争も、冷戦ではないですよね。「熱戦」

トランプ政権の大統領補佐官（国家安全保障問題担当）、オブライエン氏（右）

です。

ヨーロッパで冷戦が起きたのは、アメリカを中心とするNATOと、ソ連を中心とするワルシャワ条約機構の間で軍事力が拮抗《きっこう》していたからです。お互いに攻撃できなかったんです。

一方、アジアでは軍事力は均衡ではありません。北ベトナムはアメリカまで攻めていくことはできませんでしたし、現代でも、北朝鮮はアメリカまで攻めていくことができません。軍事力は拮抗しておらず、圧倒的に西側、アメリカのほうが優勢なんです。それでもアメリカはベトナムに負けた。朝鮮半島でも勝てなかったということになりますが。いずれにしても、軍事力は非対称です。

加えて、冷戦時と比べてもアメリカの軍事力は圧倒的に強くなっています。アメリカと中国では、これはもう中国は全く対応できないほどアメリカの軍事力のほうが強い。そうすると逆に心配も出てきます。弱い立場にいる中国が、自分たちの身を守るために太平洋上で核兵器を爆発させるなどということも起こるかもしれない。

これは私の妄想でも何でもなく、ジョン・ミアシャイマーというアメリカの戦略論でちょっとユニークな立場の政治学者が言っています。今の米中対立は冷戦ではない。新冷戦と考えるのは間違いだと。軍事力は均衡ではない、だから中国を追いつめると核兵器の使用すら考えられる。海上で核兵器を使用すれば、死者が全く出ない可能性があります。とはいえ、これは非常に危険なシナリオです。

アメリカのロシア観

アメリカの外交において、現在ロシアの優先度はあまり高くありません。アメリカが注意しているのはやはり中国なんです。

それから、世界の不安定要因になっているのは、実はロシアではありません。ロシアはそこまで強い国ではないんです。今それほど上り調子でもありませんから。

国際的な不安定要因になっているのは、中国とトルコ、そしてドイツです。ドイツは、ストレートにドイツという形ではなく、EUという形で問題が表出しています。ですから、アメリカと中国の関係、アメリカとトルコの関係、アメリカとEUの関係というのが、アメリカにとっては大きな問題になってきます。ロシアは、実のところそれほど問題ではなく、二つの国が対立しているイメージがあるのは、東西冷戦のイデオロギー対立の惰性《だせい》です。そこからアメリカは不必要にロシアとの関係を緊張させているという側面が否めません。アメリカにとって、ロシアはもはや脅威ではないんです。ですから、アメリカがロシアを脅威とみなすのは過剰反応だと思います。6月にイギリスのコーンウォールで行われたG7サミット（主要7カ国首脳会議）でも、バイデン大統領はロシアよりも中国に対する警戒感を露骨に示していました。

アフガニスタン中部ロガール州でパトロールする米軍部隊

アメリカのアフガニスタン政策

そしてアメリカは、アフガニスタンからも本当に撤退するかどうかわかりません。前に述べたように、バイデン大統領は4月14日にアフガニスタンからの完全撤退を表明したのですが、撤退した後でもＣＩＡのステーションはずっと残ります。加えて、民間の軍事会社が駐在するという形で、実質的に軍を派遣できるわけです。「撤退」というのは、あくまでシンボリックな意味合いです。

インテリジェンス関係の拠点は置くし、民間の軍事会社は入っているという状態が変わらないのは、軍事力がなければ、西側の企業や各大使館を守るという作業ができないからです。テロの危険性はいつでもあります。だから今後も、アフガニスタンにおけるアメリカの存在は、大きく変わらないと思います。

アフガニスタンでは、国内で長く戦闘が続きました。タリバンはパシュトゥーン人なのですが、内戦はパシュトゥーン人が影響力を急速に拡大しようとしたところから起きた、部族闘争という面があります。アフガニスタンには、タジク人やそのほかにも様々な部族がありますが、今はそのすみわけが終わり、一応バランスが取れている状態です。問題が解決したわけではなく、あくまで今のところは均衡が保たれているという状況ではあります。ただ、今それを下手に動か

米国とアフガニスタンを巡る経過

2001年9月11日	▶米中枢同時テロ
10月	▶米英軍がテロ報復でアフガン空爆開始
12月	▶タリバン政権が崩壊
11年５月	▶米、国際テロ組織アルカイダ指導者ビンラディン容疑者の殺害を発表
14年５月	▶オバマ米大統領、16年末までのアフガン駐留米軍完全撤退を発表
15年10月	▶オバマ氏、16年末までの撤退断念を発表
17年８月	▶トランプ米大統領、早期撤退を断念
18年10月	▶米国のハリルザド・アフガン和平担当特別代表とタリバンが第１回協議
20年２月	▶米タリバン、和平合意に署名
21年1月20日	▶バイデン米大統領が就任
4月14日	▶バイデン氏が９月11日までの完全撤退を表明
29日	▶米政府、駐留米軍撤退開始を表明

さないほうがいい、アメリカはそう判断したということでしょう。

アメリカの今回の動きは、アフガニスタンにおけるテロの脅威に対してではなく、もう少し別のところにエネルギーをかけていくというメッセージです。そのひとつは中東です。イランとの関係をどうしていくかということは考えていると思います。加えて、イランが支援しているイエメンのフーシ派についても同様です。トランプ大統領の時には、テロ団体に指定して、徹底的にやっつけるという姿勢を示していました。しかしバイデン政権では、フーシ派をその対象から外しています。

アメリカの中東やアフガニスタンへの対応は前述したように、トランプ前政権の逆打ちをしているだけで、明確な戦略はないということにほかなりません。今のところ、アメリカの外交がどういう形を取るかということは全く見えません。

イスラエル・パレスチナ問題

２０２１年5月にイスラエルはガザ地区を空爆しました。これはイスラエルとパレスチナ双方に論理があるのですが、まず、今のパレスチナ自治政府とハマスは分けて考える必要があります。

ガザ地区ハーン・ユーニスの反イスラエル集会で閲兵をするカッサーム旅団

基本的にハマスが考えている目標は「イスラエルという国を消滅させる」ということです。パレスチナはヨーロッパによる最後の植民地です。ユダヤ人を全て追放しようとすることで、イスラエル国家の存在を認めないわけです。

それに対してイスラエルの考えていることは「パレスチナと、どのような形で共存体制を作るか」ということです。この時点で双方の意向が食い違っているんです。

今回ハマスが攻撃をしかけたのは、アメリカがバイデン政権になったからです。トランプ政権の時は、アメリカが何をやってくるかわからない怖さがあった。それでイスラエルに対してミサイルを撃って挑発をしたわけです。

それに対してイスラエルもいろいろな施設を攻撃しているのですが、その論理は明快で、ハマスが撃ってきた場所を攻撃しているんです。だから人間の盾《たて》を作って住民がいる所からミサイルを撃ってくれれば、イスラエルもそこに撃ち返しているわけです。

地上戦をやらない限り、発射場所の精査はできないので、間違いも出てくる。基本的にハマスが悪いのだと思います。ただイスラエルはそれに対してやりすぎなんです。しかし、イスラエルにとっても今はそれ以外には手はない。

本格的な戦争を仕掛けたのはハマス側ですが、彼らからすれば、なぜこんな壁など作って、我々は封じ込められているのかと思っている。このコロナ禍の状況の中でもイスラエルではワクチンを打っているのに、距離的にほとんど変わらないところにいる我々は置き去りにされている、ひどいではないか。そう感じているのではないでしょうか。

「イスラム聖戦」による攻撃

それから、日本ではほとんど報道されていませんが、ガザからの攻撃は、ハマスだけでなく、イランの支援を受けるイスラム教シーア派の武装集団「イスラム聖戦」によっても行われていました。

彼ら（引用者註「イスラム聖戦」）はイランから供給されたロケット弾か、またはイランから供給された部品を使ってガザで製造したロケット弾で、イスラエルの民間人を殺害しようとしている。ハマスのロケット弾は保有量がかつてなく増加し、かつてなく先進的なものになっている。イスラエル国防軍（ＩＤＦ）によれば、16日の時点でイスラム主義者たちがイスラエルに打ち込んだロケット弾の数は約３０００発に上っている。現状よりも多くのイスラエル人が死亡しなかったことが奇跡であり、それは

イスラエル中部アシュドッドで、ロケット弾への迎撃ミサイルを発射する対空防衛システム「アイアンドーム」

イスラエルのミサイル防衛システム「アイアンドーム」によるところが大きい。（5月17日「ウォールストリート・ジャーナル」〈WSJ〉社説）

今回のハマスとイスラエルの武力抗争の背後でイランが暗躍していることを過小評価してはなりません。

二者は5月21日午前2時（日本時間同午前8時）、停戦に入りました。WSJは、同日の社説でこんなことを書いていました。

今回の停戦は無条件の停戦であり、ハマス、イスラエルのどちらも戦略的勝利を手にすることができなかった。イスラエル側は、トンネル網を破壊し多くの軍事指導者を殺害するなど、ハマスに打撃を与えたと主張している。イスラエルの消滅を望んでいるハマスは、イスラエルに新たな大規模攻撃をしかける能力を、当面失ったかもしれない。

イスラエル側の死傷者数は、ミサイル防衛システム「アイアンドーム」のおかげでずっと少なかった。それでもハマスは、イスラエルのアラブ人とユダヤ人の間で人種にからむ暴動を起こせることを示し、イスラエルの民主主義に打撃を与えた。イスラエルのアラブ人とユダヤ人は今回の衝突の間、どちらも暴動を起こしていた。近年、イスラエルの民主主義でアラブ系の政党が躍進していただけに、これは悲劇だと言える。

今回の戦闘の間、私はテルアビブに住むモサド（イスラエル諜報特務庁）の元幹部と何度か連絡を取りました。元幹部はガザからのハマスと「イスラム聖戦」よりも、イスラエル国内でのユダヤ人とアラブ人の衝突を懸念していました。「イスラエル国内でユダヤ人とアラブ人が激しく衝突するような出来事は、１９４８年の独立戦争（第一次中東戦争）以来のことだ。重苦しい雰囲気だ」と彼は述べていました。停戦後、イスラエルでは国内のユダヤ人、アラブ人双方で過激な行動を取る人を抑え込むことが政府にとって重要な課題になります。しかし、いったん悪化した民族対立を沈静化させることは至難の業です。パレスチナ側は、この機会を利用して、イスラエル国内のアラブ人との民族的連帯を強調するでしょう。

6月にネタニヤフ政権が終わったのも、イスラエル国内でのユダヤ人とアラブ人の対立を終わらせなくてはならない、という強い思いが政治エリートを団結させたからです。もっとも、極右のベネット首相がアラブ人政党まで与党に加えて連立内閣を作りましたが、反ネタニヤフ以外の共通点がない政権が安定するとは思えません。

この機会を利用して、イランがパレスチナ問題への関与を強めています。5月24日にイランの最高指導者ハメネイ（ハーメネイー）師が、ハマスと「イスラム聖戦」に対して直接メッセージを送りました。イラン政府が事実上運営するウェブサイト「ParsToday」（日本語版）がこんな報道をしました。

イラン・イスラム革命最高指導者のハーメネイー師が、パレスチナイスラム抵抗運動・ハマスのハニヤ政治局長やイスラム聖戦運動のナハレ事務局長の書簡に返答し、「我々の心は、あなた方の戦いの場にあなた方とともにいる。あなた方は最終的勝利を目にするだろう」としています。

最高指導者事務所の広報サイトKhamenei.irによりますと、ハーメネイー師は24日月曜、ハニヤ氏やナハレ氏からの個別書簡への返答として、「パレスチナの占領者との戦いは、圧制や不信心、覇権への対抗である」とし、「われわれの心は、あなた方の戦う場所であなた方とともにおられ、常に、あなた方の勝利は継続されるよう祈禱する所存である」と語りました。（5月24日「ParsToday」日本語版）

アメリカのバイデン政権は、トランプ前政権の対イラン強硬路線から転換を図っています。イランはこれをアメリカの弱さを示すものと見て、徹底的に利用することにしたようです。6月のイラン大統領選挙では、ハーメネイー最高指導者に近いライシ師が当選しました。このことにより、今後、パレスチナ問題に与えるイランの影響力が強まるでしょう。アメリカは、中東への対応に忙殺されています。アメリカとしては、中東と中国の二正面作戦は避けたいので、中国とは対立回避に動くと思います。

第4章 ロシア外交

アレクセイ・ナワリヌイ氏の釈放要求デモ

ミャンマーと同様、日本が独自に外交を行っているのが、実は対ロシア外交です。ここではアメリカ、イギリス、ドイツなどの国々と一線を画した行動をとっています。日本での報道を見ると、ロシアでは大規模なデモが起きているようだし、どうもプーチン大統領の権力基盤が怪しいのではないかというような見方になっていますが、これは実態とは違っています。ここからは、ロシアの状況について詳しく説明しましょう。

今年1月23日と31日にロシア全土で反政権集会が行われました。どういう目的で行われたのかというと、アレクセイ・ナワリヌイ氏、この人を拘置所から釈放することを要求するデモでした。

ナワリヌイ氏というのは、ロシアの反政権活動家です。彼の主張によると、彼はロシア当局によってノビチョクという毒薬を盛られました。それで体調が悪くなって、ドイツで治療していたそうです。ロシア当局は「われわれは毒を盛った覚えはない」と言っています。

政権批判の集会で演説するナワリヌイ氏

ナワリヌイ氏は今年1月17日にドイツからロシアに帰国した際、モスクワのシェレメーチエヴォ空港で拘束されました。今までに2件の横領罪で有罪が確定して、執行猶予になっていたのですが、執行猶予期間中、法務当局への出頭を故意に何度も行わなかったということで、執行猶予が取り消しになりました。それで収監された、というのが当局の主張です。

ロシアにも野党はあります。ロシア共産党やロシア自由民主党というのがそうです。ロシアの自由民主党というのは、国家主義的、民族主義的な主張の非常に強い政党です。しかし、こういう政党はプーチン大統領と直接対峙《たいじ》することは避けています。ですから、政権内野党みたいな感じです。そこで、現在ロシアで数万人の人々を動員できるのは、ナワリヌイ氏の運動だけです。そうすると、われわれがここで見なければならないのは、1月23日と31日にあったナワリヌイ氏の反政権デモというのが、プーチン大統領の権力基盤を脅かすような事態をもたらすのかどうか、ということです。

プーチン政権は安泰

結論から先に言いますと、プーチン大統領の権力基盤がナワリヌイ氏の運動で脅かされることはありません。ロシア当局は抗議運動というのをうまく封じ込めることに成功しています。

今年1月23日のデモに関しては、日本の報道だと「(ロシア)全国100カ所以上に広がり、(略)モスクワ市では1万5千人以上が参加した。政権は治安部隊を投入し、人権監視団体OVDインフォによると、全国で3521人が拘束された」(1月25日「朝日

郵 便 は が き

料金受取人払郵便

麹 町 局
承 認

1763

差出有効期間
2022年1月31日
まで

切手はいりません

102-8790

2 0 9

(受取人)
東京都千代田区
九段南 1-6-17

毎日新聞出版

営業本部　営業部行

ふりがな	
お 名 前	
郵便番号	
ご 住 所	
電話番号	(　　　　　)
メールアドレス	

ご購入いただきありがとうございます。

必要事項をご記入のうえ、ご投函ください。皆様からお預かりした個人情報は、小社の今後の出版活動の参考にさせていただきます。それ以外の目的で利用することはありません。

毎日新聞出版　愛読者カード

本書の タイトル「　　　　　　　　　　　　　　　　」

●この本を何でお知りになりましたか。

1. 書店店頭で　　　　2. ネット書店で

3. 広告を見て（新聞／雑誌名　　　　　　　　　　）

4. 書評を見て（新聞／雑誌名　　　　　　　　　　）

5. 人にすすめられて　　6. テレビ／ラジオで（　　　　　）

7. その他（　　　　　　　　　　　　　　　　　　）

●どこでご購入されましたか。

●ご感想・ご意見など。

上記のご感想・ご意見を宣伝に使わせてくださいますか？

1. 可　　　　2. 不可　　　　3. 匿名なら可

職業	性別 男　　女	年齢 歳	ご協力、ありがとうございました

モスクワ中心部に集まったロシア反体制派ナワリヌイ氏の支持者

新聞デジタル」)。

この報道では、モスクワでの参加者は１万５０００人ということですが、実際は４万人くらい参加したと見られています。

通常ロシアでこの種の抗議運動に対処するのは内務省です。それからＦＳＢ（連邦保安庁）いわゆる秘密警察です。この組織が運動の内部にスパイを送り込んだり、挑発者を送り込んだりして攪乱《かくらん》するわけです。そして、プーチン大統領側は「ナワリヌイ氏など、取るに足らない勢力だから」などと言って、無視するというのが常なんです。

しかし、今回は違いました。ナワリヌイ氏を名指しすることは避けましたが、プーチン大統領自身が乗り出してきて、抗議運動を激しく批判しました。1月25日にプーチン大統領が学生たちとの討論会に出てきたんですね。これも新聞報道によると、以下の通りです。

プーチン大統領は25日、「誰でも法の枠内で意見を表明する権利があるが、法を逸脱すれば非建設的で危険なだけだ。違法行為は許されるわけがない」と述べた。反政権派の無許可デモに今後も厳しく対処する考えを示した。25日にテレビで放送された大学生とのオンライン会議で話した。プーチン氏は、トランプ前米大統領の支持者らが米連邦議会議事堂に乱入した事件などを例に、違法な抗議やデモが社会に混乱をもたらすと指摘し、「こうした事態は決して起こさせてはならない」と強調した。また、プーチン氏は、ナバリヌイ氏の陣営が発表したプーチン氏の私邸を巡る汚職の実態を暴露したとする動画について、「(動画で)私の所有物だとされた物は、私も私の親族も一度も所有したことがない」と否定した。動画は過去のうわさや無関係な映像の寄せ集めだとし、「国民を洗脳しようとしている」と主張した。動画は、プーチン氏が黒海沿岸に、豪邸やブドウ園など総額1千億ルーブル(約1400億円)を超える不動産を実質的に保有しているとする内容だ。再生回数は８７００万回を超え、ナバリヌイ氏の支持者以外にも反響が広がっている（１月26日「朝日新聞デジタル」）。

プーチン大統領の宮殿

私もＹｏｕＴｕｂｅに上がっている「プーチンのための宮殿　最大の賄賂《わいろ》の歴史」という映像を見ました。ナワリヌイ氏は１月17日に帰国して拘束されました。そして19日にこの動画が投稿されました。ナワリヌイ氏は「私の身に万が一のことがあった時には、これを暴露してくれ」と、支持者に映像を預けていたのです。この映像は言ってみれば時限爆弾です。１月末日現在で再生回数は１億回を超えました。言語はロシア語だけですから、これを見ているのはロシア語を理解する人と考えるのが妥当です。となると、少なく見積もっても２０００万人から３０００万人のロシア人がこのＹｏｕＴｕｂｅの動画を見ているということだと思います。もはや無視できない影響があります。

ナワリヌイ氏は、この動画の中で、プーチン大統領の行動原理は三つあると言っています。まず、彼の言うこととやることは別ものである。次に、汚職によって信頼関係を構築する。そして、金はいくらあっても足りない。この三つの原則によって彼は動いているというのです。

ただ、考えてみてください。言行の不一致というのは、どんな政治家でもあります。自分のやりたいことを全部できるわけではない。何らかの妥協をしないといけない、というのが現実の政治です。それから汚職によって信頼関係を構築するということですが、汚職はともかくとして、人に言えないような秘密を共有することによって、信頼関係を構築するというのは、政治の世界ではよくあることです。そして三つ目、金はいくらあっても足りないという点。政治にはお金がかかります。どんな政治家でもお金はいくらあっても足りないと考えているのではないでしょうか。そうすると、ナワリヌイ氏が言っているこの三つの原則というのは、有力な政治家全てに当てはまるわけです。

だから、例えば日本の菅義偉首相にしても、「言っていることとやっていることが違う」とか、「昔書いた本の中では、公文書の抹消《まっしょう》や改ざんは絶対にいけないと言っているのに、自分が首相になった時にはそうは言っていないというのはどういうことなんだ」と批判があるわけです。あるいは、「自分の息子を優遇して、信頼関係を作っているのではないか？」と言われてもいます。そして3番目「金はどうやって集めているんだろう。あっちこっちでパーティーをやっているようだが、金はいくらあっても足りないという発想だ」ということになる。三つの原則はどんな政治家でも成り立ちます。だから、プーチン大統領にも言えるということになります。

ナワリヌイ氏の動画を見ると、プーチン大統領の親族、元妻、複数の愛人（新体操選手のカバエワとサンクトペテルブルクの女性）が出ていました。このサンクトペテルブルクの女性は、私も知らなかったのですが、プーチン大統領の家のお手伝いさんをやっていた人で、プーチン氏とできちゃっていると。しかも、子どもがいるといって、顔、特に目元のあたりがプーチン大統領にそっくりな少女の動画も出てきました。プーチンとそのKGB（旧ソ連国家保安委員会、秘密警察）時代の同僚によって、国民の資産が横領された、不正蓄財がなされているという内容なんです。

そして、プーチンの宮殿についての映像です。この上空は侵入禁止区域になっているのですが、ドローンを飛ばして詳細に撮影をしています。それから、どこからかこの宮殿の設計図を手に入れたとも言っています。そしてコンピュータグラフィックスを使いながら、こういう部屋がある、この部屋の家具は一ついくら、この家具は数百万円と詳細に説明していきます。建物の中にはバーもあれば、カジノまである。こういう説明をしています。ただこれは、本当か嘘か、誰も検証できません。

ナワリヌイ氏はこの動画の最後で「皆さんが貧しいのは、プーチン大統領ら、ごく一部の権力者によって富が収奪されているからだ。あきらめず、恐れず街頭に出よう。権力を国民に取り戻すのだ」と訴えます。これはマルクスとエンゲルスが共産党宣言で言っている「プロレタリアートには鉄の鎖以外、失うものは何もない」と同じです。直接行動によって政権を奪取するということを訴える、そのところを彷彿《ほうふつ》させます。ナワリヌイ氏は権力奪取を本格的に考えていると思います。その手法も、政治工学的によく練られています。

『人新世の「資本論」』

２０２０年に出た本に、斎藤幸平著『人新世の「資本論」』というものがあります。これはすごくいい本です。

この斎藤さんという人は１９８７年生まれの34歳。ドイツ語と英語で一冊ずつ本を出しています。東京大学に入ったけれど、あまり面白くないということで１年生の夏休みくらいにやめて、アメリカのウェズリアン大学という所に入りなおしているんですね。このウェズリアン大学というのは、アマースト大学などと同じように、リベラルアーツを中心とする非常にレベルの高い少人数制の大学です。その後、ドイツのベルリン・フンボルト大学でマルクス経済学を勉強しています。

ドイツ語も抜群にできるから、マルクス＝エンゲルス完全版全集、『マルクス＝エンゲルス ゲザムト・アウスガーベ』のマルクスのノート（様々な書籍から引用している引用ノート）を解読して、全集にして出すという仕事もしています。マルクスの字というのは、ものすごく読みにくいんです。そこでまず国際的に注目されて、それから日本に帰ってきた人なんです。

日本人の資本論の概説書はいろいろ出ていますが、だいたい、資本論の第2巻、第3巻を読んでいないんです。資本論は全3巻なのですけれどね。斎藤さんの場合、第2巻、第3巻も丁寧に読んだ上で、マルクスが晩年にはどういうことを考えていたのかということを考察しています。

マルクスは、環境ということについて非常によく考えていて、「低成長のコミュニズム」といったものを作ろうとしていました。マルクスにはこんな考え方もあるということで、資本論の考え方を再編していくわけです。それは「コモンズ」(例えば土地)が私有されて、希少性を持ったから価値を生むようになった、というような考え方です。

現代では地球環境が悪化しています。だから、水が汚染されれば、水は商品として価値を持つわけです。あるいは大気が汚染されれば、空気の清浄な場所が価値を持つようになる。このように、環境負担をどんどん増やしていくような資本主義には限界がある。

ニューヨーク・マンハッタンで、反格差社会デモ「ウォール街を占拠せよ」開始半年を記念してデモ行進する参加者

だから、もう一度「コモンズ」を取り戻す形で、低成長経済に転換することによって、共産主義を実現するんだという、なかなか面白い考え方をしているんです。斎藤さんが『人新世の「資本論」』の中で言っている「人新しい世界」、つまり人類が自分たちの力で地球を破壊できてしまうような新しい時代が来たということにつながります。『人新世の「資本論」』で、斎藤さんはこんなことも言っています。

「三・五％」という数字がある。なんの数字かわかるだろうか。ハーヴァード大学の政治学者エリカ・チェノウェスらの研究によると、「三・五％」の人々が非暴力的な方法で、本気で立ち上がると、社会が大きく変わるというのである。フィリピンのマルコス独裁を打倒した「ピープルパワー革命」（一九八六年）、大統領のエドアルド・シェワルナゼを辞任に追い込んだグルジアの「バラ革命」（二〇〇三年）は、「三・五％」の非暴力的な市民不服従がもたらした社会変革の、ほんの一例だ。そして、ニューヨークのウォール街占拠運動も、バルセロナの座り込みも、最初は少人数で始まった。グレタ・トゥーンベリの学校ストライキなど「たったひとり」だ。「1％ vs. 99％」のスローガンを生んだウォール街占拠運動の座り込みに本格的に参加した数も、入れ代わり立ち代わりで、数千人だろう。それでも、こうした大胆な抗議活動は、社会に大きなインパクトをもたらした。デモは数万～数十万人規模になる。ＳＮＳでその動画は数十万～数百万回拡散される。そうなると、選挙では、数百万の票になる。これぞ、変革の道である。（『人新世の「資本論」』）

ナワリヌイ氏のデモとプーチン政権

ロシアの話に戻り、ナワリヌイ氏はこの戦略で、プーチン政権を今年の9月にある国家院（下院）選挙で覆そうとしています。私も3・5％の人が街頭に出てくるというやり方で社会が変わるのは事実だと思います。他方、国家権力を持っている側もそのことがわかっています。ですから、あらゆる政治工学的な手法、警察やメディアの力を使って、3・5％の人が街頭に出てこないようにするわけです。そしてその実効性は明らかにあります。ですから、3・5％の人が街頭に出てくるというのは、国家機能が相当弱っている時ですね。

さて、プーチン大統領は2月25日にテレビに出演して、ナワリヌイ氏を名指しこそしませんでしたが、この運動の問題点を指摘しました。これをロシアの内務省や検察庁、FSB（連邦保安庁）は、ナワリヌイ氏つぶしを徹底的にやれ、というシグナルとして受け止めたと思います。ナワリヌイ氏は現在獄中にいます。２月２日に執行猶予が取り消しになったので、少なくとも２年６カ月は獄中にいることになりました。

それでも、ナワリヌイ氏が今、外に出たほうが危ないんです。ロシアの地方政治にはマフィアが関与していますから。政権も、ナワリヌイ氏と利権を同じくする地方の政治勢力とマフィアの関係をこれからいろいろ厳しく調べて暴露していくと思います。ナワリヌイ氏は利権構造がぶつかる人たちには命を狙われます。

通常、そういう時には、警察が政治家をマフィアから守るのですが、ロシアの内務省はこういう状況だと、ナワリヌイ氏を十分に守らない可能性があります。そうすると、マフィアの抗争に巻き込まれて、殺されてしまう可能性がある。政府が直接手を下してナワリヌイ氏を暗殺するということはありません。そのようなことは必ず足が付きます。そして、露見した場合のマイナスがものすごく大きいですから。ただし、ナワリヌイ氏が誰かから恨《うら》まれていて、殺されるような状況をあえて阻止しないということ、これは十分あり得ます。ですから、私はナワリヌイ氏が獄中から出てくると、かえって長生きできないのではないかと見ています。

ロシアはこのナワリヌイ氏の拘束で、外交的に厳しい状況に置かれています。Ｇ７（先進７カ国）の外相は２月26日の夕方（日本時間27日未明）、ロシア当局がナワリヌイ氏を療養先のドイツからの帰国直後に逮捕したことを非難する共同声明を出しました。ナワリヌイ氏の拘束を政治的動機に基づくものだとして、ロシア当局に即時かつ無条件の釈放を求めました。このＧ７によるナワリヌイ氏釈放要求について、ロシア政府は西側諸国がプーチン政権を転覆させようとする内政干渉だと反発しています。もっとも、クレムリンが注目しているのは、外国の動きではなく、ナワリヌイ氏の運動がロシア国内でどれくらい広がるかです。外国がロシアの弱みにつけ込んでくるのは当たり前だと思っていますから。１月23日の時点において、どうもロシア政府は十分な対処方針ができていなかったようですが、31日にはきちんと封じ込めることができていました。

これも新聞報道から引用します。「ロシアで１月31日に行われた反プーチン政権デモでの拘束者数が約90都市で計５１３５人となった。同国の人権監視団体がまとめた。反政権デモの１日あたりの拘束者数では過去最大とみられる。（中略）今後、ロシアに対する欧米諸国の非難が高まるのは必至だ。ロシア大統領府は『ナバリヌイ氏に関連して国外の声明に耳を傾けるつもりはない』としており、欧米との対立もさらに深まる可能性がある」（2月1日「朝日新聞デジタル」）。こういうことなんです。

もっとも、２０１４年のクリミア併合や、親ロシア派の武装勢力がウクライナ東部を実効支配していることで、ロシアと欧米諸国との関係は十分緊張しています。ナワリヌイ氏をめぐる問題で欧米諸国がロシアに対する非難を強めても、プーチン政権にとって追加的な打撃にはなりません。繰り返しお話しししているように、注目すべきはナワリヌイ氏たちの反政権運動がプーチン大統領の権力基盤を脅かすかどうかなんです。ただこれは、ロシア当局が封じ込めに成功しているので、プーチン大統領の権力基盤は安定しています。

言論の自由が、意外と認められているロシア

重要なことは、ロシアでは、日本や欧米諸国で考えられているよりも、言論の自由と

表現の自由が認められているという現実です。もちろんロシアのテレビや新聞は政府の統制下にあります。しかし、独立系のインターネットテレビは、本社は外国にあって数百人のスタッフを抱えています。日本の民放局くらいの規模があるんです。そこでは本格的な政権批判をやっています。２回のデモに関しては、実況中継をやっていました。

その中では、アメリカに本社を持つＲＴＶｌというのが、ロシアで非常に人気のあるインターネットテレビです。私はその実況中継をずっと見ていました。ナワリヌイ氏はそれぞれの土地で午前11時から午後５時まで抗議活動をしようと言っていたので、モスクワ時間で午前11時（日本時間で午後5時）くらいから実況中継が始まるんです。

テレビ番組はデモの少し前くらいから始まり、スタジオにはキャスターとコメンテーターがいます。ウラジオストクとハバロフスクでは、ハバロフスクのほうが取り締まりが厳しいんです。警官が警棒でデモ隊の人々を殴ったりするわけです。それでコメンテーターが「ハバロフスクとウラジオストクではだいぶ違いますね」などと言っている。ウラジオストクでは逆に空手か何かで警察官がぶん殴られたりしているわけですね。デモ隊がうまく逃げてしまったり、捕まらなかったりとか、そのような状況が画面に映っているんです。

ハバロフスクでは以前政府が前知事を解任しています。このことに対して、前知事に連帯する活動が激しかったんです。そういうこともあって、警察の動きというのが過剰なのだと言っていました。今回ロシア内務省は、警察に対して、できるだけデモを起こさないようにと指示しているのですが、具体的な方法については指導していない。だから、ハバロフスクでは乱暴なことが起こるわけです。一方モスクワでは、政権を激しく非難する高齢の女性などもデモに出てきているんですが、警察はそういう人にはかまわない。ところが、5、6人に指示しているリーダーのような人物や、アジ演説を始めた若者などは拘束してバスに乗せてしまいます。そうすると、スタジオのコメンテーターが「なるほど、選択的に人を捕まえていますね」などと言う。指導者となって組織化をしていく人、さらにいろいろなアジテーションで人々の感情をかき立てるような人を選んで引っ張っている、そんな解説をしていました。そして、逮捕される瞬間なども報道しています。

サンクトペテルブルクでは、RTV1の記者が拘束されてしまうんです。そこでスタジオは「拘束の理由は何か、尋ねてみてください」と記者に言うんです。記者が「何で私を拘束するんですか」と聞くと、「マスクをしないで歩いているから。公衆の場所ではマスクをしないで歩くことは禁止されています」と相手は答えていました。記者が「マスクはポケットに持っています」と言っても、「いや、今あなたはしていなかったでしょう。だから拘束です」と言っていました。そうすると、スタジオのコメンテーターが「これは法を逸脱していますね」と解説する。ロシアには、マスクをせずに公共施設に入ってはいけない、という法律はあります。ただ、公共施設とは、劇場やレストランのような場所なわけで、路上は公共施設には入っていません。路上を歩く場合はマスクをしていなくても問題ないんです。しかし、サンクトペテルブルクはプーチン大統領のお膝元なので、警察が過剰な介入をしているのでしょう。ただし、拘束された記者の通信機材は没収されない。だから、護送車の中から実況中継を続けているんです。スタジオからは「今あなたを逮捕した警官に、心境を聞いてみてください」と指示が飛びます。記者はスマートフォンを持っていますから、警官に向けて「今の心境を教えてくださ い」と言う。警官は黙っていますけどね。すると、スタジオのコメンテーターが「やはり話してはいけないと言われているんでしょう」と、コメントする。さらに記者は「今、新しい人が拘束されてきました。どちらから来られました？」などと言って、別の人にインタビューしているわけなんです。日本の場合、デモの現場で仮に記者が拘束されたとしたら、通信機材をそのままにして、報道が続けられるようにするはずがありません。そういう意味で、ロシアで言論の自由は意外と認められているんです。

拘置所からのナワリヌイ氏のメッセージ

いい例が、拘置所の中にいるナワリヌイ氏です。ナワリヌイ氏との接見に行った人が、スマートフォンでナワリヌイ氏の言っていることを録画するわけです。それをＹｏｕＴｕｂｅのナワリヌイ氏のチャンネルで流しています。「腐敗したプーチンを打倒しろ！」と。そして、この政権を徹底的にたたきつぶすのだ、勇気を持って立ち上がれと言っている。こういったアジテーションがそのまま流れているんです。

デモをやっている当日などは、ナワリヌイ氏のチャンネルで繰り返し、活動家が「皆さん、身分証明書を持たないようにしましょう」「警察官に捕まった場合には黙秘してください」と言っている。それから、「以下の番号を覚えてください」と電話番号を2つ言って、「ここから弁護士を派遣します。費用は一切かかりません。弁護人はたくさんいます。皆さんの経歴には傷はつきません。安心してデモをしましょう」と、デモをあおるような放送をしていました。それでも、このチャンネルを遮断していないんです。そういった意味で、ロシア政府は上手に民衆のガス抜きをしているわけです。

ロシア政府がデモ封じ込めに成功した理由

今回、政府は事実上デモを封じ込めることに成功しましたが、この理由は五つあると思います。

一つ目は新型コロナ対策を名目に、デモに参加することが感染拡大につながると宣伝したこと。「デモはリスクが高いですよ。感染したくないんだったらデモに出ないように」というのが奏功した。ナワリヌイ氏はデモと言わずに「散歩」と言っているのですけどね。二つ目は、無許可のデモに参加することは違法行為だと周知したこと。未成年者を違法行為に誘うナワリヌイ派は教育上有害だということを、テレビや新聞、学校を通じて周知徹底していきました。

三つ目はテレビ番組の影響です。英米のインテリジェンス機関がデモをあおって、ロシア社会を混乱させている。アングロサクソンによるロシア支配を目論《もくろ》んでいるのだ、というようなドキュメンタリー番組を国営のロシアテレビが放映していました。それが世論に影響を与えたわけです。

私もその番組を見ましたが、アメリカのCIAとイギリスの秘密情報部（SIS、いわゆるMI6）が中心となって、思想工場を作っている。そして、ロシア人をどうやってリクルートしているかとか、奨学金の供与や実際にお金を渡すところの隠し撮りなどを流すわけですね。

また、彼らがインターネットを通じてギリシャ、イスラエルなどアメリカ以外の国に拠点を作って、そこからロシアのインターネットをモニターして、書き込みをしている。そうして世論に影響を与えているんだなどということを、かつて情報工作をやっていたイギリスの秘密情報部のOBとOG、CIAのOBを出してきて証言させる、こういった特番を流しています。

そして四つ目は、デモに参加した場合、違法行為については行政責任・刑事責任を取ってもらうということを内務省の広報官と検事総長が出てきて繰り返し言っていたこと。これに皆、ビビったわけです。

五つ目は、政府がナワリヌイ氏たちのモスクワでの集会を、とにかく小さくすることに力を注いだということです。1月23日のモスクワでのデモには4万人が集まりましたが、31日は2万人でした。全国でも2回目のデモは人数が半分になっています。当初デモ隊は、秘密警察本部の前のルビャンカ広場に結集しようということになっていたんです。ところが、政府はその場所を柵で厳重に囲って集会ができないようにしてしまいました。そして、地下鉄駅を封鎖して、広場に出てきた人たちが地下鉄に乗れないようにしたんです。ナワリヌイ派は急遽《きゅうきょ》、デモ会場を7キロぐらい離れた場所に変更したのですが、当日は雪がちらつくような寒さでした。皆地下鉄が使えず、7キロの距離を歩くのは嫌ですから、そのまま家に帰ってしまったというわけです。こういう巧みなやり方で、政府はデモ隊の人数を減らすことに成功したんです。

23日のデモの参加者は、若者と年金生活者でしたが、31日に年金生活者はもうほとんどいませんでした。いずれにせよ、ロシア当局としては生産年齢人口、つまり20代の半ばから60歳くらいまでの人が職場を放棄したり、自分の仕事に悪影響があったりしてもかまわないと腹をくくってデモに出てくる、そのようなことが起きなければ、政権は安泰だと思っているんです。

ロシア人の大多数は、プーチン政権は腐敗しているけれど、ナワリヌイ氏が権力を握って混乱が生じるよりは、現状のままのほうがいいと考えています。混乱より安定ですね。ソ連崩壊後、1990年代の10年間、国内はものすごく混乱していました。今からたかだか20年前のことなので、そのことを覚えているんです。だからこれは混乱を経験した後の、消極的選択なんです。そのため、西側の国々が内政に干渉してナワリヌイ氏を応援すればするほど、一般のロシア人たちは、西側諸国がナワリヌイ氏を利用して、ロシアに混乱を起こそうとしているんだと反発してしまうのです。

北方領土問題

日本政府は、実はこのあたりをよく読んでいます。だから、ナワリヌイ氏問題に関して、Ｇ７との関係ではお付き合い程度のことはしているものの、本格的な制裁や非難をしていません。これはなかなか上手だと思います。決して北方領土問題に影響があるからといって腰が引けているのではありません。デモの実態を見た場合、これは大多数のロシア国民による運動ではないし、西側の情報機関が関与しているのは間違いない、と。ただ、日本も西側の一員です。味方の情報機関がやっていることについてはとやかく言わない、これが実態なんです。ロシアも日本のこのような対応をよく理解しています。だから、ロシアも日本との関係を改善したいと、マリア・ザハロワ情報局長が北方領土交渉を含め、前向きなシグナルを出しています。しかし、日本での受け止め方は正反対でした。

これについては少し説明が必要かもしれません。

まず、日本での報道を紹介します。これは2月19日の時事通信の記事が詳しいのですが、「ロシア外務省のザハロワ情報局長は北方領土をめぐる日本との交渉について、ロシア憲法に『領土割譲禁止』が明記されたことから、『いかなる形であれ、このテーマは議論すらできない』と主張した。18日公開された動画投稿サイト『ユーチューブ』の番組で語った。対日関係に関しては、プーチン大統領も10日のロシアメディア幹部との会見で、『発展させたいし、そうするつもりだ。しかし、憲法に反することはしない』と発言。プーチン政権は憲法を理由に北方領土交渉を拒否する姿勢を強めている。ザハロワ氏は平和条約締結に向けては『交渉する用意がある』と表明。領土問題を抜きにして平和条約締結を目指す考えを改めて示した。ロシアで昨年7月に

マリア・ザハロワ ロシア外務省情報局長

全国投票を経て成立した改正憲法は『領土割譲禁止』の条項が盛り込まれた」と報じました。

私もこの動画を見てみました。これは国営のロシアテレビが作成した番組をＹｏｕＴｕｂｅに投稿したものです。全体で1時間40分、ヨーロッパとの決別がテーマでした。親プーチン派で愛国主義的な主張が人気のジャーナリストに、アントン・クラソフスキーという人がいます。彼がザハロワ局長にロシア外交の姿勢を厳しく正すという構成で、ロシアの反政権活動家ナワリヌイ氏の拘束とヨーロッパとの関係に焦点が当てられています。日本に対する言及もありました。

でも、日本の記者たちがこれを見ていたとは思えません。日本の報道から受ける印象とは逆に、ザハロワ局長はロシアが日本との関係を改善する必要があると積極的に主張しているんです。クラソフスキー氏が「日本はナチスドイツの同盟国だったではないか。米国の軍事戦略に従っているだけではないか」などと厳しい口調で日本を非難しているのに対して、ザハロワ局長は「日本人が広島と長崎の原爆投下でどれだけ悲惨な目に遭わされたかということを忘れてはいけない。地理的要因が決定的に重要だ」と言ってい

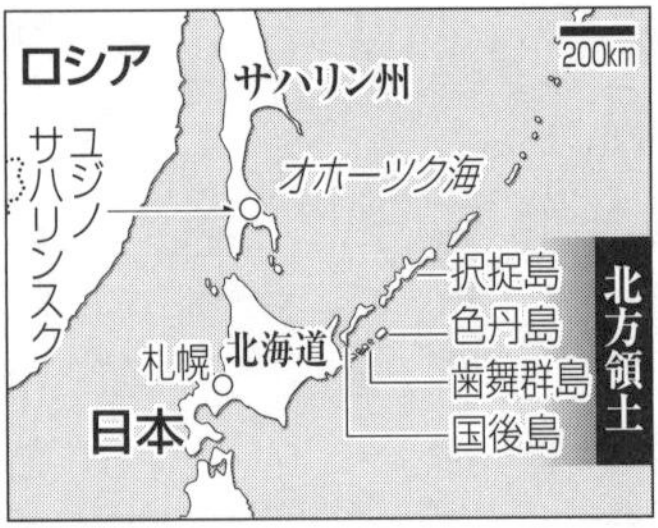

る。そして、「地図を見てみなさい。日本との関係を改善することがロシアの国益だ」として、一歩も引かないんです。しかも、ザハロワ局長は日本に行った時に、右翼の街宣車を見たことについて詳しく説明して、「私は通訳を通じて街宣車の運転手に、どうしてこういうことをしているのかと尋ねたところ、『金を払ってくれる人がいるから』と答えた。特定勢力が反露感情をあおり立てようとしているに過ぎない」ということを言っています。日本政府は領土ナショナリズムをあおり立てているわけではない、という印象を、ザハロワ局長は視聴者に与えようとしているんです。

それに対してクラソフスキー氏が、クリル諸島（千島列島）を与えて、日本と平和条約を締結するのかと聞いたのに対して、ザハロワ局長は「いかなる場合も、そうすることはできない。なぜなら、憲法でこのテーマに関して議論することすらできなくなったからだ」と答えているんです。このザハロワ局長の発言を、日本のマスメディアは北方領土をめぐる日本との交渉について、「ロシア憲法に『領土割譲禁止』が明記されたことから、『いかなる形であれ、このテーマは議論すらできない』と主張した」と報じています。しかし、日本の報道機関はザハロワ局長が語っていない事柄の意味を理解していないと思います。ザハロワ局長は「クリル諸島を日本に引き渡すことはできない」とは言っていますが、「歯舞《はぼまい》群島と色丹《しこたん》島を引き渡すことができない」とは一言も述べていません。また、1956年の日ソ共同宣言の効力を否定する発言もしていないんです。ザハロワ局長は、日本と平和条約交渉を行うべきだということを繰り返し述べているんですね。

それでは、クリル諸島を日本に引き渡さずに、日本が満足する形で平和条約を締結することは可能でしょうか。それは可能だと思います。2018年11月、シンガポールで行われた日露首脳会談で、安倍首相とロシアのプーチン大統領は、1956年の日ソ共同宣言を基礎に、平和条約交渉を加速することで合意しています。日ソ共同宣言は両国の国会で批准された法的拘束力を持つ国際的な約束です。ですから、ソ連の継承国であるロシアもこの責任を負うわけです。共同宣言の第9項にはこう書いてあるわけです。

「ソヴィエト社会主義共和国連邦は、日本国の要望にこたえかつ日本国の利益を考慮し

北方領土問題の経過

1945年8月9日	日ソ中立条約を破棄したソ連が満州、南樺太侵攻
14日	日本がポツダム宣言受諾
18日	ソ連が千島列島北端の占守島に侵攻。以降、日本軍の武装解除をしながら南下
28日	樺太から侵攻したソ連軍が択捉島を占領
9月1日	国後島、色丹島を占領
3～5日	歯舞群島を占領
51年9月8日	日本がサンフランシスコ平和条約に署名。千島列島と南樺太の放棄を明記
56年10月19日	日ソ共同宣言署名。国交回復と、平和条約を結んだ後に歯舞、色丹両島を引き渡すことを明記
2001年3月25日	イルクーツク声明。共同宣言を「基本的な法的文書」と確認
16年12月15～16日	安倍晋三首相がプーチン大統領と会談。共同経済活動に関する協議開始で合意
18年11月14日	シンガポールで首脳会談。共同宣言を基に平和条約締結交渉を加速する方針で一致

て、歯舞群島及び色丹島を日本国に引き渡すことに同意する。ただし、これらの諸島は、日本国とソヴィエト社会主義共和国連邦との間の平和条約が締結された後に現実に引き渡されるものとする」

プーチン大統領はこの義務を履行する用意があるとずっと言っていて、ここでぶれたことはありません。要するに「クリル諸島は渡さない」ということだったら、クリル諸島の範囲を明確にすればいいんです。1951年のサンフランシスコ平和条約の二条（C）項で日本はクリル諸島（条文では千島列島）を放棄しています。このクリル諸島に国後《くなしり》島と択捉《えとろふ》島は入っているわけです。ですから、国後島と択捉島は放棄しています。しかし、歯舞群島、色丹島はクリル諸島の範囲に入っていません。それならば、クリル諸島を引き渡さないという形でも、歯舞群島、色丹島は引き渡すことは可能ですから、平和条約交渉はできるわけです。どうもこのあたりのことについて、日本のメディアはロシアの論理を捉えきれていない感じがします。

ちなみにロシアの改正憲法・第67条は、ロシア連邦の領土の一部を譲渡することはできないということになっていますが、隣国とロシア連邦の国境画定は例外であるとしています。日本とロシアの間で国境を画定することはできる、というのがロシア政府の憲法解釈になりますから、北方領土交渉についてザハロワ局長の言っていることは何の問題もないわけです。しかし、関係改善をしようと思って、一生懸命メッセージを発しているのだけど、関係悪化のメッセージとして受け止めてしまうというのは、どうなっているのでしょう。ここのところ、首相官邸も、外務省もしっかり理解していると思うので、これによって外交に影響があるとは思いません。日本のメディアはしっかりしてほしい、というのが私の率直な要望です。

ロシアからのシグナル

4月20日、ロシアのセルゲイ・ナルイシキン対外情報庁長官が声明を出しています。東京裁判から75周年というタス通信の記事です。

その中でナルイシキン長官は、日本国内の歴史修正主義を批判しています。その一方で、日本を非常に高く評価しています。

「同時にナルイシキン氏は日本政府から賢明な声も聞こえてくると指摘した」「ナルイシキン氏は、ロシアは伝統的に日本をアジア太平洋地域における様々な分野の、建設的で互恵的な関係を目指す重要なパートナーであると考えていると強調した」

日本政府は賢明だと言っているんです。

「賢明な声」というのは、日本がアメリカとの首脳会談でロシアを非難しなかったことを指しています。さらに、一連のナワリヌイ氏に関する事件について、非常に冷静であることもそうです。ナワリヌイ氏はロシア国内であまり支持を広げていない。これはロシアの内政問題なのでＧ７では形だけ非難するけれど、制裁などは一切やらない、そういう態度を評価しているんです。加えて、アジア太平洋地域における重要なパートナーだから、政治や経済の話もいろいろとやっていきましょうというサインです。

この３月から、ロシアで上映された映画も、日本の評判をあと押ししています。「ハチとパルマの物語」というロシア版・忠犬ハチ公の物語なのですが、もう２００万人以上は見ているのではないかと思います。モスクワのヴヌーコヴォ空港に置いていかれた犬が、主人が乗っていたものと同じ飛行機が着陸すると、いつもタラップのところに寄ってくるという話です。さらに、ウラジオストクにホテルオークラができます。オークラは、モスクワのシェレメーチエヴォ空港でもホテルの建設を検討しているそうで、そのあたりのことはロシアも非常に歓迎しているようです。

ナルイシキン・ロシア対外情報庁長官

ところが、ロシアのニュースは日本ではほとんど報じられません。だから、北方領土に関するロシア外務省のザハロワ局長の発言も、おそらく多くの日本のメディアは見ていないんです。

ロシア側は歯舞・色丹だったらかまわないというシグナルは何度も出しているわけです。しかも第二次世界大戦の時に日本は広島と長崎でひどい目に遭わされている、ということを外務省の報道官が一生懸命言っているんです。

対日関係改善のシグナルを出しているのに、日本から「日本との関係を悪化しようとしている」「こいつが元凶だ」のように言われて、ザハロワ氏は少しかわいそうです。

これは、日本のメディアのモスクワ特派員に言わなければならないことなのですが、ロシアのニュースの一部だけを現地のスタッフに見せて、それをかいつまんで報道するのではなく、全部自分で見たほうがいい。全体の文脈の中で何を言っているのかをきちんと捉えて報道しないといけません。最近特に思いますが、やはりモスクワの共同通信や時事通信が報道すると、日本国内のメディアは全てそれに引っ張られてしまう傾向があると感じます。通信社の記事に依存して報じているメディア（特にテレビ）が多いからそうなのだと思います。

北極圏周辺の永久凍土

■…面積の9割以上が永久凍土（連続永久凍土）　■…永久凍土が存在する地域　□…氷床

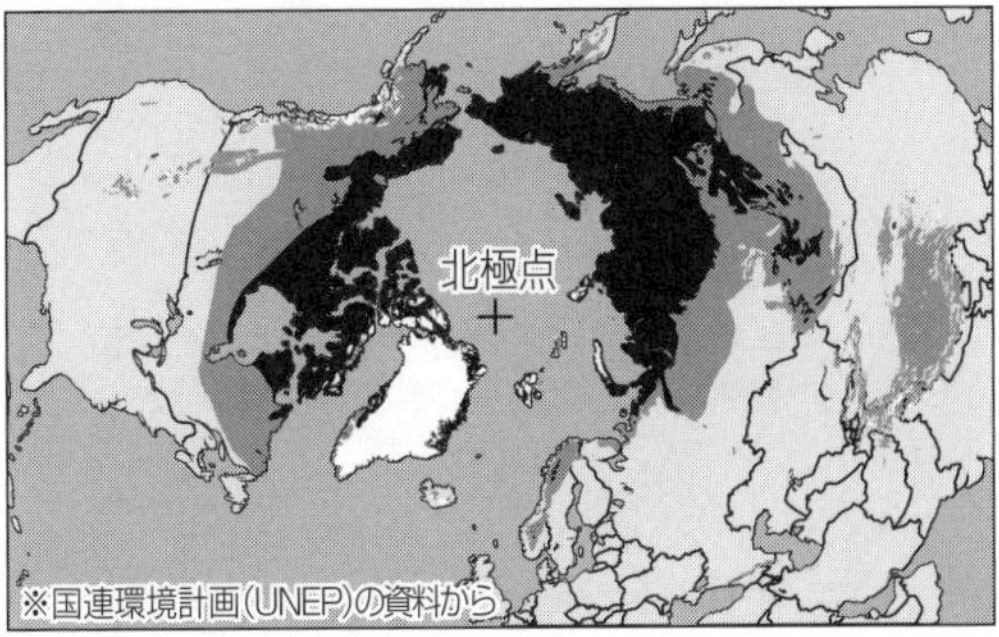

地球温暖化とロシアのエネルギー問題

最後に、世界的な脱炭素の流れに対して、ロシアは消極的です。ロシアには天然ガスが豊富にあるからです。そして、ロシアは地球温暖化は歓迎なんです。なぜかと言うと、地球の温暖化が進むことによって、シベリアの永久凍土地帯が解けてくるからです。そうすると、その地域の資源開発ができるようになります。そして、砕氷船《さいひょうせん》を使えば北極海の通年航行も可能になります。

これらのことからも、脱炭素社会への変換を促す圧力以上に、ロシアには温暖化のメリットが大きい。ロシアはこの問題については、むしろ強気に出てくると思います。

第5章 オリンピック問題に見る日本の状況

オリンピック開催について

オリンピックというのは、もっと平和な環境の下で、世界全ての国の選手が来られるような場所でやったほうがいいという意見もあります。ただし、もはや開催は確実なのでそれを前提にして考えるしかありません。なぜオリンピックは開催されることになったのでしょうか。それは意思決定の問題です。第二次世界大戦のガダルカナル戦に似ていると思います。

太平洋戦争中のガダルカナル戦というのは、こんなことをやれば、物量の多いアメリカに負けることはわかっているのだけれど、今やめるという決断をすると、今までの努力が全部無駄になってしまう。その損切りができないために行われた戦争です。このまま続けてしまうほうが、今ここでやめるという決断をするよりはるかに楽なんです。ですから、様々な問題があり、人々は大丈夫かなと思っていながらも、やってしまおうか、という感じになる。

それから、オリンピックはＮＢＣの問題になってしまっているんです。要するにアメリカのＮＢＣテレビの放映権の問題で、オリンピックがもし放映されないということになったら、アメリカの巨大テレビ局が大リストラになるでしょう。そうなると、国内の3大テレビ局の一つをつぶすかどうかということは、アメリカにとっては大きい問題だと思います。

それから、今度のオリンピックというのは、日米中の事実上、三国戦に限りなく近いものになるでしょう。そうしたらこの三カ国は空前の数のメダルを取れるはずなんです。そうすると日本では「参加国が少ないから」とか、「ヨーロッパや来ない国もあるから」という冷ややかな目になると思うんですが、アメリカはストレートにメダルが取れると言って喜ぶと思います。そうすれば視聴率も取れます。となるとやはりＮＢＣテレビの問題もあって、オリンピックは押し切ってしまうと私は見ていました。そしてその予断は当たりました。

政治問題化してしまったことの失敗

オリンピックは、一度始まってしまったら流れが変わります。事実上日米中の三国親善試合になって、日本人がメダルを取るでしょうから。だから、よい悪い以前に盛り上がってしまうと思います。リオデジャネイロ大会もそうでした。開始前は皆、すごく批判的でした。

そもそもこのオリンピック問題ですが、立憲民主党や共産党が政争の具にしてしまったのが問題でした。要するに、これをきっかけにして、自公政権を倒せるだろうという作戦でした。だから、かえって菅政権は、オリンピックに突き進むしかなくなってしまいました。特に立憲民主党の枝野代表が国会で「オリンピックはやめるべきだ」と言った瞬間に。政府がそれを受け入れたということになると、内閣は瓦解します。このオリンピックを政争の具にするという野党のやり方は果たしてよかったのかと思います。

五輪マークのモニュメント。奥は国立競技場

オリンピックをやるべきかどうかということを、もし本気になって考えるのなら、政治と切り離すべきでした。政治とは別の枠組みの中で、専門家たちの意見を冷静に聞き、その中において判断するということが必要だったはずです。

しかし、国会はこういうプロセスを取りませんでした。特に今回きっかけになっているのは共産党です（森喜朗／佐藤優「会長降ろしに共産党の影」「正論」２０２１年5月号）。

森喜朗氏に「正論」誌でインタビューをした際に聞いたことは、森氏自身が「何かオリンピックでくるな」と予感していたということでした。そうしたら、今まで「オリンピックには賛成だけれど、東京都の予算は使うな」と言っていた共産党が「オリンピックに反対だ」という決議案を作って持ってきたそうです。共産党としては野党連合政権を作りたいので、今の政権の弱い部分をついて、政権を打倒するという流れにしようとするわけです。オリンピックは国民的な関心事ですし、開催することによって新型コロナの感染が拡大するかもしれないという不安もあります。野党として、これを最大限利用するということは、当たり前のことなんです。でもその結果として、オリンピックそのものに関する冷静な議論ができなくなってしまいました。

だからオリンピック問題というのは「誰が」発言しているかということで、もう結論がわかってしまうでしょう。高橋洋一氏が発言しているなら賛成だろうな、白井聡氏、青木理氏が言っているのなら、きっと反対だろうと。発言者の名前を聞くだけでわかるような問題になっているということは、政争の具になっているということです。

同じようなことはこれまでもありました。「通信傍受に関する法律」は「通信傍受法」という言葉を使えば、ああ賛成なんだなとわかる。「盗聴法」と言えば反対なんです。「平和安全法制」と言っている人は賛成なんだな、それに対して「戦争法」と言っている人は反対だとわかる。オリンピックをそういう問題にしていいのかということなんです。

でも、オリンピックはもはや政争の具になってしまいましたから、政権としてはやるという選択肢しかないんです。そういう構造を作ってしまっている日本の有識者（私もその一人ではありますが）や、論壇、メディアのあり方が果たしてよいのか、これが問われなければいけない。いずれにせよ、政治の文法に従うならば、菅政権に選択肢はありません。政権を投げ出してしまうのであればともかく、この状況になったら突き進むしかないんです。

共産党の動き

私が今、非常に心配しているのは立憲民主党がどんどん日本共産党に引っ張られていることです。頭脳は共産党で、国会議員の手足は立憲民主党、ただし実働部隊としての手足はまた共産党。4月に行われて三連勝した、衆院北海道2区、参院長野選挙区の両補欠選挙と参院広島選挙区の再選挙でも、現場で一生懸命やっているのは皆、共産党員です。立憲民主党では人は集まりません。

ところが、共産党の代表は宣伝カーには乗れません。山口二郎さんも書いていましたが、立憲民主党が共産党隠しをやっています（「週刊金曜日」4月30日・5月7日合併号）。あなたたちが来ると人が逃げていくから、連合が逃げていくからというわけです。共産党はこういう屈辱的な扱いを受けている。会場でビラを撒いた後の掃除なんかは、共産党の人たちが皆でやっている。それなのにこんなふうにこけにされているんです。それでも、日本革命に向けて頑張っているわけですよね。

山口二郎氏は、立憲民主党は閣外協力を明確にするべきで、国会の主要委員会の委員長を共産党に渡すべきだと、前出の「週刊金曜日」で主張しています。筋の通った考えだと思います。

そういうことも考えあわせると、小選挙区制下で共産党が持つ1万票から2万票が死活的に重要になってきます。だから野党は共産党に引き寄せられていくわけです。そうなると、政策的にも共産党にどんどん引き寄せられていく。その結果、今後の日本は共産主義（スターリニズム）、あるいは小池都知事のやっているちょっとファシズムに近い路線のどちらかということになります。

今、私たちの前にある選択肢は「スターリニズム」か「ファシズム」ということです。国民の皆さん、そのどちらがいいですか、というような状況です。「自由民主主義」即ち「自由」と「民主主義」がバランスを取っていくという勢力が非常に細ってきているのはまずいと思います。

共産党の中国批判

日本共産党が、中国批判を強めています。

日本共産党の志位和夫委員長は1日の会見で、中国による香港やウイグルでの人権侵害について、「この問題に対応するときに一番大事なのは『国際法を守れ』ときちんと論を立てて言うことだ」と強調しました。志位氏は、中国が人権問題への批判に対し「内政干渉だ」と反論していることに触れ、「世界人権宣言、国際人権規約、ウィーン宣言という一連の国際的な人権保障の取り決めがあり、中国は全部に賛成している。賛成した以上、順守する国際的な義務がある」と指摘。「『国際法に反する行動だ』という中国への批判が世界的に弱い。日本政府がそういう批判をしたのを見たことがない」と述べました。さらに、「米国にも弱点がある。米国は自らの外交政策に合致する場合のみ、国連の人権システムに従うということを原則にしている。米国の利益に合う場合には人権問題を言うが、そうでない場合は言わないというダブルスタンダード（二重基準）が立場を弱くしている」と指摘。「国際的な人権保障の取り決めに則して批判することが何よりも大事だ」と語りました。（4月2日「しんぶん赤旗」）

かつてのソ連は、過渡期国際法という独自の国際法概念を主張していました。すべての国に通用する一般国際法の存在を認めず、既存の国際法の中で反動的な内容と進歩的な内容を区別。資本主義国（植民地を含む）で通用する国際法のほか、社会主義国と資本主義国の間を規律する世界革命達成までの過渡期国際法が併存するという見方です。

戦前、戦中に欧米基準の国際法と異なる大東亜国際法が存在すると主張した一部の日本の国際法学者の主張も、ソ連の過渡期国際法の影響を受けていました。

日本共産党は既存の国際法を金科玉条のごとく掲げ、日本政府の弱腰を批判しています。客観的に見るならば、共産党はナショナリズムをあおっています。

今年4月5日、茂木敏充《もてぎとしみつ》外相と中国の王毅《おうき》外相が電話で協議しました。記者会見で茂木氏は、「会談では、王毅国務委員との間で、日中両国が共に責任ある大国として、地域・国際社会に貢献していくことの重要性を確認し、来年の日中国交正常化50周年に向けて、幅広い分野で交流・対話が進むことへの期待が表明されたところであります。私（大臣）から、改めて中国海警によります尖閣領海への侵入、中国海警法、南シナ海、香港、新疆ウイグル自治区の人権状況について、深刻な懸念を伝達し、具体的な行動を強く求めたところであります」（6日、外務省ホームページ）と述べました。

茂木氏は、中国は国際法に違反していると、大上段に拳を振り上げるのではなく、尖閣領海への中国公船の侵入、新疆ウイグルの人権状況などについては深刻な懸念を伝達するとともに対話で問題を解決しようとする姿勢を示しているのです。

一部の保守勢力だけでなく共産党もナショナリズムをあおるような状況下で、外務省は茂木外相を先頭に、現実的に中国との懸案を解決しようとしています。外交の世界においては勇ましいことを言う者が国益にかなうとは限りません。この点をあえて強調したいと思います。外務省は対中外交でも頑張っています。

日本共産党100周年

さて、日本共産党は、かつて中国共産党との関係において、日本の内政に混乱をもたらしました。共産党は、野坂参三氏や徳田球一氏などの「北京機関」や「臨時中央指導部（臨中）」などの分派が行った行動であると主張しています。共産党の公認党史には、こう記されています。

「北京機関」は、その後、五二年五月から「自由日本放送」など日本向けラジオ放送をおこない、五四年には、北京に「党学校」をつくりました。スターリンは、世界の共産党に資金のヒモをつけようとして、五〇年七月、ソ連だけでなく、中国・東欧諸国にも資金を分担させて、「左翼労働者組織援助国際労働組合基金」なるものを秘密に設立していました。「北京機関」をまかなう資金も、主に、この秘密資金から出されたものと推測されます（『日本共産党の八十年　１９２２〜２００２』日本共産党中央委員会出版局、１０８ページ）。

五一年十月、徳田・野坂分派と「臨中」は、スターリンのつくった「日本共産党の当面の要求――新しい綱領」を国内で確認するために、「第五回全国協議会」（五全協）をひらき、「五一年文書」と武装闘争や武装組織づくりにいっそう本格的にふみだすあたらしい「軍事方針」を確認しました。

この方針による徳田・野坂分派の活動は、とくに、五一年末から五二年七月にかけて集中的にあらわれ、「中核自衛隊」と称する「人民自衛組織」や山村根拠地の建設を中心任務とした「山村工作隊」をつくったりしました。これらの活動に実際にひきこまれたのは、ごく一部の党員で、しかもどんな事態がおこっているかの真相は、これらの人びとにさえ知らされないままでした。しかし、武装闘争方針とそれにもとづくいくつかの具体的行動が表面化したことは、党にたいする国民の信頼を深く傷つけ、党と革命の事業に大損害をあたえました（前掲書、112ページ）。

1950年代前半の所感派と呼ばれる人々に対する中国共産党からの資金援助、日本国内での「中核自衛隊」や「山村工作隊」をはじめとする武装闘争路線の実態を明らかにして歴史的責任を果たすことが日本共産党には求められています。

来年、2022年は日本共産党が国際共産党（コミンテルン）日本支部として結党されてから100周年にあたります。共産党は百年党史を刊行すると思われますが、中国共産党との関係の真実をどこまで明らかにするか興味深く見守っています。

「翼賛《よくさん》」

私は、今はまだ非常事態だと思います。準戦時下なんです。そういう状況においては、内閣総理大臣の固有名詞は関係ありません。

民主的な手続きによって選ばれた内閣総理大臣を支持する、国民はそれで問題を解決するしかない。私はこれと同じことを東日本大震災の時に言いました。その時は「菅直《かんなお》人《と》総理を翼賛せよ」という激しい言葉をあえて使いました。

「翼賛」は「大政翼賛会」の「翼賛」です。今この危機的状況において、固有名詞は重要ではない、菅直人さんを断固支持するんだ、と。だから今も、菅政権にすり寄れというこことではありません。危機状態においては、日本は民主主義国なのだから、民主的に選ばれた総理大臣の下で危機を抜け出すまで団結するべきだということです。政争なんかやっている場合ではない。そういうことは、一時的に中断しなければいけない時期だと思っています。

もう少し自公の数が少なければ実現の可能性があると思いますが、本来なら、今は革命勢力を除く全ての勢力の大連立でいいと思うんです。日本共産党はまた別の考えがあるので、連立しても入ってこないでしょうからね。繰り返しますが、今は固有名詞は関係ないんです。この危機が終われば、私も菅政権に対して言いたいことはたっぷりありますから。

ワクチン問題

予防接種がうまくできないという問題は、政権を非難しても仕方がありません。今、日本はベストを尽くしていると思います。長い間本格的な感染症がなく、保健所の数を減らしてしまった国の対応は、イスラエルや韓国とは違います。中国とは体制そのものが違います。韓国・イスラエル・台湾は民主主義的な国であって準戦時下ですから、人の動員など、システムができています。日本ではそれができていないのだから、どの政権がやってもこうなると思います。

もちろん、ワクチン接種の遅れを見ると、今の政権はだらしないと思いますが、内閣が瓦解しないのは、政権交代が起きてもきっと変わらないだろうと国民が思っているからです。これはもう日本のインフラと、建てつけの問題だからしょうがないんです。そうなると、それこそ「自助」ではないけれど、自分たちで気をつけるしか方法がない。

もうひとつの問題は教育です。なぜ人々が移動してしまうかというと、結局は若い人たちの認識の問題です。

私は大学で教えたから、よくわかるのですが、学生たちが「周囲で感染者がいない」という認識なんです。少なくとも自分が知っている範囲において感染した人はいない。しかも20代の死者もほとんどいなくて、亡くなった人も基礎疾患があった。そうすると交通事故のほうが学生にとってはリスクなんです。

加えて授業がリモートになって、さらに就職活動の不安感が高まっています。そういう状況下では、友達同士でどこかで飲みたいとか、一緒に歩きたい、街に出たいと思うようになる。それを止めるというのは、なかなか難しいわけです。

確かに若い君たちは感染しないかもしれないけれど、高齢の世代のために協力してほしい、君たちだっていずれ高齢者になるのだからと、教育現場での説得活動をきちんとやることが重要だと思うんです。社会全体で今の状況を乗り越えていかなければならないんだからと。封建的だと思うかもしれないけれど、おじいちゃん、おばあちゃん、そして親がいなければ、君らは生まれていないんだから。ここは人の動きを止めるということしかないいんだから、頼むよって。

だから本当は、一国の総理大臣が若い人に向けて、自分の言葉で呼び掛けるということが必要なんです。おそらく周囲に感染者がいない、亡くなる人がいないから自分とは関係ないと思っているかもしれない。そう認めてしまったほうがいいと思います。でもどうして協力しなければいけないのかといったら、「自分たちだけが大丈夫」だったら社会は成り立たないから。だから、頼むと。そういう働きかけが必要だと思います。

言葉の「荒れ」

最近心配しているのが言葉の「荒れ」です。政権を批判するときに、罵詈雑言《ばりぞうごん》を浴びせても、ああ気持ちよかったというだけで終わりになってしまう。優れた知識人であっても、政治言語を使っているうちに言葉が荒れてきてしまいます。この「言葉の荒れ」っていうのが怖いんです。

これまで右の側が思いっきり荒れてきたわけです。ネトウヨの人たちが典型です。その「荒れ」が左の側にも来ています。本来リベラルと左翼は違うはずなのですけれどね。そうすると、左右両極が荒れてくるでしょう。

「自由民主主義」は「自由」と「民主主義」の間でどうやってバランスを取るのかが問題です。その間のところで討論や言論を重視するという仕組みです。だから、これからはこういう基本的なゲームのルールを再構築していくことが重要な課題になります。

三つのアイデンティティー

そして、人間の感情で、最も処理することが難しいのがアイデンティティーだと思います。人は誰もが複数のアイデンティティーを持っています。これらのアイデンティティーの間で、ときどき相克《そうこく》が起こります。筆者の場合、三つのアイデンティティーが重要です。

第1は、外交官としてのアイデンティティー。元外交官で対ロシア外交やインテリジェンス業務を担当した経緯があるので、筆者は日本国家に対する思いが強くあります。国際関係について考える場合も、国家主権を中心に考える傾向があります。また、コロナ禍のような危機に直面すると、現行憲法の下で民主的手続きによって選出された首相（その固有名詞は重要ではありません）の下に結集すべきだという意識が強まります。

第2は、キリスト教徒としてのアイデンティティー。筆者は同志社大学神学部と大学院で組織神学（キリスト教の理論）を学んだプロテスタントのキリスト教徒です。毎日曜日、教会に通っています。キリスト教は筆者の核心を形成するアイデンティティーになっています。

キリスト教によると人間は、真の神で、真の人であるイエス・キリストを信じることによって救われます。キリスト教徒にとって国家や民族の差異は本質的意味を持ちません。

第3は、沖縄人としてのアイデンティティー。「沖縄の人」とか「沖縄県にルーツを持つ」と表記せずに、沖縄人と書いていることに留意してください。筆者の父は東京の出身ですが、母は沖縄の久米島（沖縄本島の西約100キロメートルに所在する離島）の出身です。

筆者は沖縄に住んだことはありません。しかし、筆者の中には沖縄人であるとの確固たるアイデンティティーがあります。しかもそのアイデンティティーが過去20年で変容しました。かつては沖縄にルーツを持つ沖縄系日本人という意識でした。それが今では、日本にもルーツを持つ沖縄人だという意識に変わりました。

そのきっかけは、鈴木宗男事件に連座して、2002年5月14日に東京地方検察庁特別捜査部に逮捕され、東京拘置所の独房に512日間勾留されているときでした。獄中では学生時代から読みたいと思っていた古典や学術書を中心にひもときました。その一冊が沖縄の古典歌謡集『おもろさうし』(外間守善校注、岩波文庫、上下2巻)です。この本を読んでいるうちに自分が沖縄人であるとの自覚を強く持つようになったのです。

筆者が北方領土交渉に文字通り命懸けで取り組んだのも、沖縄人である筆者にとって日本が自明の存在ではないからです。北方領土問題に一生懸命取り組んでいくことによって、筆者は「日本人になっていく」ことを無意識のうちに考えていたのだと獄中で認識しました。

筆者が自らを日本系沖縄人と記すのは、沖縄と日本の間で死活的な利害相反があったとき、筆者は沖縄の立場を取るという意思を示したいからです。筆者のこのようなアイデンティティーの変容を真摯《しんし》に受け止め、沖縄人共同体に受け入れてくれたのが大田昌《おおたまさ》秀《ひで》氏(元沖縄県知事、琉球大学名誉教授)、沖縄初の芥川賞受賞作家である大城立裕《おおしろたつひろ》氏、翁《お》長雄志《ながたけし》氏(前沖縄県知事)です。3人は残した言葉によって、今も天国から沖縄のために力を貸してくれているのだと感じます。

沖縄のアイデンティティー

沖縄関連の新聞記事を読んでいて、ときどき心臓をわしづかみにされたかのように悲しくなることがあります。最近では「朝日新聞デジタル」に掲載されたマイク・モチヅキ氏（ジョージ・ワシントン大学准教授）の以下の提言です。

現行計画の全面的な見直しには様々な組織的な抵抗があることは承知しています。私が提唱しているのはある種の妥協策です。キャンプ・シュワブエリアに比較的大型のヘリポートを建設し、海兵隊のヘリコプターや一部のオスプレイの拠点とするのです。ほかのオスプレイは九州など日本のほかの地域に移転させます。残る海兵隊の固定翼機は嘉手納基地に移転するのです。

そして、もし米軍が、大規模有事の際の航空施設へのアクセスが必要と考えるのであれば、普天間飛行場の返還を一時的に停止するというのが私の案です。私は普天間返還を強く支持しており、これはあくまでも暫定的な措置です。普天間周辺でのオペレーションをほぼゼロにまで劇的に減らします。そして、普天間に代わって有事の際に米軍が使える施設が本土のどこかに割り当てられるまでの間、有事の場合は普天間を使えるようにしておくのです。

（5月8日「朝日新聞デジタル」）

これは、米海兵隊普天間飛行場（沖縄県宜野湾市）の沖縄県内の分散移転案の変形で、「普天間飛行場の返還を一時的に停止する」という普天間基地の固定化につながる可能性を持つ案です。

マイク・モチヅキ氏は玉城デニー沖縄県知事のブレーン集団である「万国津梁会議《ばんこくしんりょうかいぎ》」の委員です。玉城知事に在沖縄米軍基地問題や安全保障問題について助言する立場にいる人が、このような発言をすることは、当然、政治性を帯びてきます。

マイク・モチヅキ氏は「普天間に代わって有事の際に米軍が使える施設が本土のどこかに割り当てられるまでの間、有事の場合は普天間を使えるようにしておくのです」と主張しますが、本土（沖縄以外の日本）に普天間飛行場の代替基地を見出すめどが立つのでしょうか。少なくとも現状で、その可能性はゼロに近いと思います。

となると、マイク・モチヅキ氏の提言は、実質的な米海兵隊普天間飛行場の固定化という結果をもたらします。沖縄の革新はもとより保守も普天間基地の固定化は受け入れていません。玉城知事の側近からこのような提言が出てくるのは、いったいどうしてなのでしょうか。

理解に苦しむとともに、沖縄の米軍基地過重負担問題に対する日本人の冷淡さが筆者の気持ちを重くします。こういう出来事は、筆者のアイデンティティーをますます沖縄に引き寄せることになるのです。

他方、元外交官としての筆者の良心は、帝国主義的傾向を強める国際政治の現実を考えると、国際社会のゲームのルールを一方的に変更しようとする中国に対して、日本国家が警戒感を強め、外交的解決に全力を尽くすとともに安全保障上の備えを怠るべきではないと訴えてきます。

アンビバレントな感覚

自分の中にある引き裂かれるような気持ちについて、どう整理したらよいかわかりません。こういうときに、２０１０年に死んだ母のことを思い出します。14歳で母は陸軍の軍属として沖縄戦を経験し、九死に一生を得ました。戦後、母はプロテスタントのキリスト教徒になり、日本社会党の平和主義を断固支持していました。同時にときどき隠れて靖国神社を参拝してもいました。

沖縄戦で母に形見を預け、戦死した日本軍将兵の魂が靖国神社にいるように、母には感じられたのです。母は矛盾する気持ちをあえて整理せずに生きるという選択をしたのだと思います。日本だけでなく、世界のどの地域に生きる少数派も、引き裂かれるような思いを整理できずに抱えているのだと思います。

もちろんマイク・モチヅキ氏に悪意は全くないと思います。

ただ沖縄の抱えている複雑な状況にどこまで寄り添っているのかは疑問です。第二次世界大戦中、上海や満州などの植民地にいた知識人は、軍国主義の本国とは切り離されて「自分たちはそれとは違うんだ」と思っていました。モチヅキ氏の考え方もそれに近いところがあります。

沖縄の内側からは、あのような考えは絶対に出てこないと思います。日本のどこかで受け入れる所が出てくるまで、普天間の基地を認めるということだったら、これはどう考えても固定化以外の何物でもないわけです。本土は基地を受け入れません。それは皆、嫌ですから。沖縄だって嫌なのですが、結局お前のところで引き受けろ、という構造化された差別なんです。これは日本人全体の問題で、日本のシステムの問題です。だから出口がありません。そしてこれは沖縄の人たちにとって、日常的な問題です。

もう二度と戦争は嫌だという私の母親が、なぜ隠れて靖国神社に行っていたかというと、兵士たちに写真や手紙を託されたからです。写真や手紙を手渡されて、あそこに行って僕らは神様になるから、機会があったら靖国神社に来てねと。

母親が亡くなって遺品を整理していたら、琉球漆の箱の中に小さな太鼓が入っていました。太鼓の形をしたお守りです。それには「田口少尉より」と書いてありました。田口少尉というのは、「斬り込み」に行った兵士なんです。本当は特攻機に乗るはずだったのですが、飛行機が全部焼かれてしまったから、手榴弾《しゅりゅうだん》と刀で夜中に斬り込んでいった。日本軍はそんな全く意味のない攻撃をしていたんです。それで自分に何かあった時、もし本土に行くことがあったら、これを自分の母に届けてくれと頼んだわけです。

結婚後、母親は軍の服を着ていたのですが、背嚢《はいのう》もポケットも写真と手紙でいっぱいでした。それは皆、斬り込みに行った人たちのものでした。ところが摩文仁《まぶに》で捕まった時に、全部米軍に没収されてしまいました。でも、ポケットの奥底にあったその太鼓だけは残りました。これが、母親が沖縄戦に従軍したという唯一の証拠です。

結局、父親が厚生省に行き、その田口少尉のお母さんを探し出すことができました。会った時には再婚していたのですが、持っていたものを返しました。その後彼女が亡くなったということを聞いて、それから一週間くらい経った時、手紙と共にこの太鼓が送り返されてきたんです。「これはずっとあなたと一緒にあったほうがいいと思う。私に渡すという責務を果たしてくれたのだけれど、戦争中も戦争の後もずっと持っていてくれて、あなたの唯一の戦争の思いが入っているものだから。ぜひ持っていてくれ」と。それで母親は大切にしていたんです。

そういうようなことがあるから、頭の中ではキリスト教を信仰して、戦争には反対で靖国みたいなものは受け入れられないと思っていても、やっぱり彼女の中では靖国神社に、あの斬り込んでいった人たちがいると思えてならないのだと思います。弾が飛んできた時に覆い被さってくれた日本兵たち、そういった人たちは多くが亡くなっているのですけれど、そういう人たちが靖国にいるように思えたんでしょう。

結局、彼女はこのアンビバレントな感覚を整理しないということに決めたんです。だから沖縄の多くの人たちが「整理できない」という感情で基地を受け入れているんです。だからそういうところを簡単に整理してもらったら困るんです。分散と言っているのに普天間固定化のような感じでは、沖縄の反発を買うだけです。

日本共産党などは、米軍基地の国内移転は絶対に認めない、国外移転しか認めないと言っています。日本国内で米軍基地は負担できないと。ただ、これは沖縄の感覚とは違うんです。共産党が言っていることが「ヤンキー・ゴー・ホーム」だとすると、沖縄が言っていることは「ヤンキー・ゴー・ノース（北）」なんです。

日米安保条約の重要性はわかっています。中国が急速に軍事大国化して、ひしひしと危機を感じているのはむしろ沖縄なんです。しかし、その負担は北でも持ってくれということです。日米安保がそれほどまでに重要なものだというのなら、それは本土でも負担してほしい。翁長氏が言っていたのはそういうことだったんです。でも昔と違って「オール沖縄」も今や変質してしまいました。だからそういうことを全部ひっくるめて、やっぱり沖縄では皆アンビバレントな感覚を持っているわけです。

日本という国自体も、日米安保条約を結んでいる国でもあるし、唯一の被爆国でもある。アンビバレントな感覚を持っているはずで、本当はできることがたくさんあります。ただ、そこは一気にやっていくのか、段階的にやっていくのか、考える必要があります。

核廃絶に関しては、核兵器禁止条約をただちに批准《ひじゅん》するなんてことは、今、核の傘の下にある状況では非現実的だと思います。ただ核兵器禁止条約には、オブザーバーとして参加して、自分たちの意見を言うことや、そこで起きていることを聞いて懸け橋になっていくことはできます。オブザーバーということは公明党が言っているわけだし、懸け橋ということは政府も言っていることですから。

ナロードノスチ（亜民族）という概念

沖縄に関連する私（正確には私だけでなく日本系沖縄人）の持つアンビバレントな感覚は、多くの日本人になかなか理解してもらえません。この機会に少し踏み込んだ説明をしてみたいと思います。

ロシア語にナロードノスチという概念があります。ナロードとは民衆とか人民という意味です。ノスチがつくと抽象名詞になるのですが、うまい訳語が見当たりません。民族学（文化人類学）では、「亜民族」という訳語があてられます。政治的単位となる民族ほど強い自己意識は持っていないが、他の集団と自分たちは別だという強力な意識を持っている集団です。

近代化の過程で、亜民族の一部は周辺の大きな民族に同化していきました。別の亜民族は民族となって独立していきました。さらに一部の亜民族は、周辺の大民族に同化することもできなければ、独立して民族になることもできませんでした。いわば宙ぶらりんの位置のまま留まっています。

沖縄がまさにこのような位置に置かれていると私は考えています。沖縄は、中国に同化してしまうことも可能でした。琉球処分（廃藩置県）がなく、琉球国が清国の朝貢国《ちょうこうこく》にとどまっていれば、中国が近代化する過程で沖縄人も中国人に同化してしまう可能性があったと思います。もっともその場合は、同化したと思われていた沖縄の知識人の中から、「われわれは中国人ではなく、沖縄人である」という強力な民族意識を持った中国からの分離、独立を主張する沖縄人の運動が生じたと思います。

明治期以降、日本の中央政府は沖縄を同化させるべく、全力を尽くしてきました。沖縄の方言は日常的に用いられなくなり、習俗も日本に似てきました。外国との関係で、自分は日本人であるということに疑念を抱かない沖縄人も増えてきました。

しかし、沖縄人が完全に日本人に同化してしまったわけではありません。戦前、戦中と比較すれば、結婚、就職をめぐる差別は著しく少なくなりました。経済的にも沖縄は復興し、生活水準も本土（沖縄以外の日本）と遜色《そんしょく》がなくなりました。社会的、経済的な差別はほぼ解消したといえるでしょう。

しかし、政治的には、日本の陸地面積の0・6％を占めるに過ぎない沖縄県に在日米軍専用施設の70％が所在するという不平等な状況が残っています。日本の中央政府のみならず、大多数の日本人も沖縄が在日米軍専用施設の過重負担を改めようとしません。ここに日本の、沖縄に対する構造的な差別があります。政治に起因する構造的差別は、沖縄人の亜民族意識を刺激します。われわれは日本社会で二級市民の地位に甘んじているという認識から沖縄人は日本にアンビバレントな感覚を持ちます。同胞ならもう少し大切に扱って欲しいというのが、日本と日本人に対する沖縄人の率直な思いです。日本の中央政府が沖縄人の気持ちを無視し続けると亜民族意識が民族意識に発展し、沖縄の日本からの分離独立気運が高まります。

今後のニュースは
この人物に
注目！

金与正《キムヨジョン》

1988年、平壌《ピョンヤン》生まれ。北朝鮮・金正恩《キムジョンウン》総書記の妹。朝鮮労働党中央委員会宣伝扇動部副部長。

2018年の平昌《ピョンチャン》オリンピックでは、金永南《キムヨンナム》・最高人民会議常任委員会委員長とともに訪韓。同年、板門店で行われた南北首脳会談にも、金正恩氏とともに参加した。2020年には、韓国の脱北者団体が北朝鮮を批判するビラをまいたことに対し、非難の声明を発表。その後北朝鮮は開《ケ》城《ソン》市にあった南北共同連絡事務所を爆破した。

ここがポイント

金正恩氏にとって最大のアドバイザー。父の金正日氏は、幼少時から金与正氏に政治的資質があると評価していたという。対韓国政策も金与正氏の担当と見られている。

楊《よう》潔《けっ》篪《ち》

1950年、上海生まれ。中国共産党中央政治局委員。

2001年にアメリカ大使。2005年に帰国後、2007年から外交部長となる。2021年3月には、アメリカ・アラスカ州アンカレッジで、王毅外相とともに米中会談に臨んだ。アメリカ側の出席者は、バイデン政権のブリンケン国務長官とサリバン大統領補佐官（国家安全保障問題担当）だったが、新疆ウイグル自治区や香港の問題などについて中国を批判。それに対して中国側もアメリカによる内政干渉やBLMの問題について触れ、荒れたものとなった。

ここがポイント

中国の対日外交政策を決定する上で、最も強い影響力を持っている人物。北村滋・国家安全保障局長と楊潔篪氏の間には信頼関係が確立されていた。

アントン・ワイノ

1972年、旧ソビエト連邦・エストニア共和国生まれ。ロシア大統領府長官。

祖父は、エストニア共産党第一書記を務めたエストニア人。モスクワ国立国際関係大学では日本語を専攻し、1996年、ロシア外務省に入省。1996年から2001年まで駐日ロシア大使館に勤務する。その後2002年よりロシア大統領府に移り、2011年に官房長官、2012年には大統領府副長官となる。2016年、前任のセルゲイ・イワノフ氏の解任に伴い大統領府長官。

ここがポイント

現在も日本語の訓練を怠らず、モスクワを訪れた前原誠司元外相とは日本語で会談を行った。プーチン大統領の日程を管理している。対日関係についても、裏ではワイノ氏が助言していると見られる。

セルゲイ・ナルイシキン

1954年、旧ソビエト連邦・レニングラード（現・サンクトペテルブルク）生まれ。ロシア対外情報庁長官。

レニングラード機械大学卒業後、1992年からサンクトペテルブルク市役所に勤務。その後、レニングラード州政府勤務を経て、2004年、ロシア連邦政府・官房長官を務める。2007年、ロシア連邦副首相。2008年、メドヴェージェフ政権で大統領府長官となる。2011年、ロシア連邦下院議長。2016年からロシア対外情報庁（SVR）長官を務める。

ここがポイント

プーチン大統領の信任が厚い。北村滋・国家安全保障局長とは信頼関係が構築されていた。日ロ間のインテリジェンス協力のキーパーソン。米国はナルイシキン氏に対して入国禁止などの制裁をかけているが、日本は米国に同調していない。

教皇 フランシスコ

1936年、アルゼンチン・ブエノスアイレス生まれ。第266代ローマ教皇。

イタリア系移民の2世で、本名ホルヘ・マリオ・ベルゴリオ。1958年、イエズス会に入会。1969年、司祭となる。1992年、ブエノスアイレス司教座聖堂で司教となり、その後ブエノスアイレス大司教。2001年、ヨハネ・パウロ2世により、枢機卿に叙任される。2013年、前任のベネディクト16世に代わり、第266代教皇に選出され、フランシスコを名乗る。ラテンアメリカ出身として、またイエズス会員として初めての教皇となる。2019年、ヨハネ・パウロ2世以来、38年ぶりに訪日。

ここがポイント カトリック教会の影響力を中東に拡大することに腐心している。中国との関係正常化にも強い関心を持っている。宗教界に留まらず、政治にも強い影響力を持つ。

アウン・サン・スー・チー

1945年、ビルマ（現・ミャンマー）・ラングーン（現・ヤンゴン）生まれ。

父親は「ビルマ建国の父」とされるアウン・サン将軍。1967年、オックスフォード大学卒業後、東洋文化研究者でイギリス人のマイケル・アリス氏と結婚。1988年、民主化運動が高まるミャンマーに帰国、野党・国民民主連盟（NLD）を結成して指導的立場となる。しかし、軍事政権によって運動は鎮圧され、1989年から自宅軟禁を余儀なくされる。1991年にはノーベル平和賞を受賞。2012年、NLD議長に就任、同年の議会補欠選挙にて下院議員に当選。2016年、新設された国家顧問に就任。2021年2月、軍事クーデターによって、再び拘束される。

ここがポイント

欧米では民主化闘争の闘士と見られているが、ミャンマー国内での評価は分かれる。アウン・サン・スー・チー氏にはミャンマーを統合する象徴となるカリスマ性はもはや失われている。

ミン・アウン・フライン

1956年、ビルマ（現・ミャンマー）南部・ダウェー生まれ。ミャンマー連邦行政評議会議長。

1974年、国軍士官学校に入学。その後、2011年に国軍最高司令官となる。2017年、国内少数派イスラム教徒・ロヒンギャ弾圧を指揮したとして、国際的に批判を受ける。2021年2月、クーデターによって国家の権限を掌握し、「連邦行政評議会」を設置。国民民主連盟（NLD）の政権幹部を拘束し、アウン・サン・スー・チー国家顧問兼外相も自宅軟禁となった。

ここがポイント

ミャンマー国軍で実権を握る人物。欧米が国軍に対する圧力を強めると、ミン・アウン・フライン氏が中国に接近する可能性がある。このシナリオを日本政府は警戒している。

アレクサンドル・ルカシェンコ

1954年、旧ソビエト連邦・白ロシア共和国生まれ。ベラルーシ大統領。

1979年、ソ連共産党入党。ソフホーズ（国営農場）の議長などを務めた後、1994年、ベラルーシの初代大統領に当選する。以降、国民投票により大統領の任期を延長し、2020年には6選を果たす。市民の抗議デモにもかかわらず、20年以上にわたって大統領の座にあり、西側諸国から「欧州最後の独裁者」とも呼ばれる。2015年、チェルノブイリ原発事故を取材したスヴェトラーナ・アレクシエーヴィッチがノーベル文学賞を受賞するが、2020年大統領選挙の際に事情聴取を受け、その後ドイツに出国している。

ここがポイント

民主主義に背を向け、露骨な恐怖政治（フォビアクラシー）を導入することで、安定的な権力基盤を構築した。経済エリートと地方のボスを押さえているので、ルカシェンコ政権が近未来に崩壊する可能性は低い。

志《し》位《い》和《かず》夫《お》

1954年、千葉県生まれ。日本共産党委員長。

1979年、東京大学工学部卒業後、日本共産党東京都委員会に勤務。1990年、35歳の時に書記局長に選出される。1993年、衆議院議員選挙旧千葉1区で初当選。その後比例南関東ブロックより出馬、現在までに当選9回。2000年より、不破哲三氏の後任として日本共産党委員長となる。

ここがポイント 日本共産党の最高指導者で、党官僚を統制する能力に長けている。ただし、イデオロギーに関しては、不破哲三氏（前日本共産党議長）に全面的に依存しているため、カリスマ性に欠ける。

小池百合子《こいけゆりこ》

1952年、兵庫県生まれ。東京都知事。

カイロ大学卒業後、テレビキャスターとして活躍。1992年、参議院議員選挙で日本新党から出馬、初当選。その後新進党、自由党、保守党を経て、自由民主党に移り、2003年、第1次小泉内閣で環境大臣を務める。2007年、第1次安倍内閣で防衛大臣。2016年に東京都知事選挙に出馬、舛添要一に代わり都知事に当選。2020年の都知事選挙で再選され、現在2期目。

ここがポイント

打たれ強く、上昇志向が強い。政争で生き残る天賦の才能を持っている。ただし、仲間を作ることは苦手。いまだ、首相の座をあきらめていないと見られる。

北村滋《きたむらしげる》

1956年、東京都生まれ。国家安全保障局長（7月に退任）。

1980年、東京大学法学部卒業後、警察庁に入庁。2006年、第1次安倍内閣の時に、内閣総理大臣秘書官を務める。2011年、野田内閣、その後の第2次安倍内閣で内閣情報官。特定秘密保護法制定などに関わる。退任後も民間シンクタンクを立ち上げ、外交に影響を与えると見られている。

ここがポイント

公安警察出身であるが、警察官僚の枠に収まらない優れた政治感覚と分析能力を持つ。日本のインテリジェンスは北村滋氏の属人的能力に負うところが大きい。目立つことを嫌う。

秋葉剛男《あきばたけお》

1958年、神奈川県生まれ。外務事務次官（6月に退任）。

1982年、東京大学法学部卒業後、外務省に入省。国際法局長、総合外交政策局長を経て、2018年に事務次官。2021年6月まで外務事務次官を務めた。外務事務次官としての在任期間が戦後最長となったのは秋葉氏の能力が傑出していたからだ。7月からは国家安全保障局長に就任する。

ここがポイント

政治、経済、条約のすべてに通暁した卓越した能力を持つ外交官。米国、中国、ロシアに強力な人脈を持つ。戦略眼とバランス感覚をあわせ持つ稀有な人物。

今後のニュースは
この地域・組織に
注目！

新疆《しんきょう》ウイグル自治区

中国北西部に位置する自治区で、区都はウルムチ。中国国内の省・自治区としては最大面積で、人口約2500万人。国境をモンゴル、ロシアのほか、カザフスタン、キルギス、タジキスタン、アフガニスタン、パキスタン、インドと接する。イスラム教を信仰するトルコ系のウイグル族が最も多く、漢民族が続く。ウイグル族が分離独立を求める運動をたびたび起こしているが、中国政府によって鎮圧。「再教育」施設を作り、強制的に中国化を進めているとして、欧米諸国の批判を受けている。

ここがポイント

20世紀初頭より、この地域にはウイグル人国家「東トルキスタン共和国」を建国しようとする動きがある。中国政府は国家分裂につながりかねないウイグル人の分離独立運動の封じ込めに腐心している。

台湾海峡

中国福建省と台湾の間に位置する海峡。東シナ海と南シナ海を結ぶ航路として、古くから船舶が往来する。海峡の西（大陸）側には、福州、泉州、厦門《アモイ》などの港がある。中国、台湾のほか、アメリカ軍の軍艦なども航行する。2021年6月にイギリスのコーンウォールで行われた主要7カ国首脳会議（G7サミット）の首脳宣言では、この台湾海峡の平和と安定の重要性が明記された。

ここがポイント

台湾海峡は、最も狭い海峡北部でも約130キロもある。中国側と台湾側の領海（海岸から12海里＝約22キロ）は接していない。海峡の真ん中は排他的経済水域（EEZ）になる。EEZは公海と同じく、どこの国の航空機が飛んでも、船が通っても、潜水艦が潜ってもかまわない。したがって、「台湾海峡の平和と安定の重要性」がG7首脳宣言に明示されても、中国がそのこと自体を非難する国際法的根拠はない。

イギリス情報局秘密情報部

イギリスの情報機関。略称のＳＩＳは、Secret Intelligence Service、ＭＩ6は、Military Intelligence 6を表す。外務省に属し、国外の秘密情報の収集や、海外エージェントによる情報工作を担っている。職員は約３０００人。国内の治安維持に関する情報機関としては、内務省が管轄する情報局保安部（ＳＳ、Security Service）、通称ＭＩ５が知られている。

ここがポイント

ヒュミント（人間を通じたインテリジェンス）、謀略活動などを得意とする。インテリジェンスを芸術と考える傾向が強く、個々のインテリジェンス・オフィサーの個性が活動に反映される。

ロシア対外情報庁

ロシア連邦の諜報機関。略称SVR。1991年、ソビエト連邦崩壊時に、KGB（ソ連国家保安委員会）が解体され、そのうちの海外を担当していた第一総局が独立、ロシア対外情報庁となる。本部はモスクワ南部のヤセネヴォ。現在のSVR長官は、セルゲイ・ナルイシキン。国内を担当していた第二総局はロシア連邦防諜庁となり、現在はロシア連邦保安庁（FSB）となっている。

ここがポイント

ロシアの超エリート組織。プーチン大統領はSVRの前身であるKGB第一総局出身で、現在もこの組織に対して強い愛着を覚えている。外交に関してもプーチン大統領はSVRからの情報を最重要視する。

モサド

イスラエル諜報特務庁。略称はモサド（Mossad）。首相府に属し、対外情報の収集・分析、対テロ対策を行う。1949年のイスラエル建国後、初代首相ベングリオンによって創設。以来、ナチス元幹部の追跡や敵対勢力の要人暗殺など、世界中で秘密工作を行ってきた機関とされる。

ここがポイント

モサドの能力は卓越したヒュミントにある。モサドの職員の3分の1が常に何らかの研修に従事しており、学知をインテリジェンス活動に生かそうとしている。

ドイツ連邦情報局

略称はBND。首相府に属し、海外情報等の収集、防諜活動を行う。職員は約6500人。1956年、対ソ連情報機関であるゲーレン機関を基礎として設立された。現在の長官は、ブルーノ・カール。

ここがポイント

ロシアの反政権活動家アレクセイ・ナワリヌイ氏の支援をBNDが積極的に行っていると見られている。また、中東欧や中東にも独自のネットワークを持っているが、アジアは比較的手薄である。

中国天主教愛国会

中国共産党公認のカトリック教会。1951年に中国とバチカン（ローマ教皇庁）は断絶し、1957年に中国天主教愛国会が創設された。司教の任命権はローマ教皇にあるとするバチカンに対し、中国は内政干渉であると反発。中国天主教愛国会が独自の司教を任命している。現在所属する信徒、聖職者は約500万人といわれる。

ここがポイント

中国共産党公認のカトリック団体であるが、組織内にバチカン（ローマ教皇庁）に親近感を持つ神父も少なからずいる。将来的には天主教愛国会が、中国とバチカンの懸け橋となる可能性がある。

三自愛国教会

中国共産党公認のプロテスタント系キリスト教会。共産党政権の管理下に置かれたプロテスタント教会の指導者たちは1954年、「三自愛国運動」を呼びかけ存続する道を選ぶ。「三自」とは、「自治」「自養」「自伝」のことで、外国との関係を断ち切って中国の信徒が自ら運営し、経済的に自立、そして伝道することを意味する。

ここがポイント

中国最大のプロテスタント教会。国際交流にも積極的で、南京に神学校を持つ。神学的には、学術的成果を重視するリベラルな傾向が強い。ただし、共産党政権に対しては全面的に忠誠を誓い、批判的な活動は一切行わない。

ベラルーシ

東欧に位置し、国境をロシア、ポーランド、ウクライナ、リトアニア、ラトビアと接する。首都はミンスク。面積は日本の約半分で、人口約940万人。国民の約8割がロシア正教徒。ソ連解体後は独立国家共同体を構成するが、その後アレクサンドル・ルカシェンコが1994年の初当選以降、現在まで20年以上にわたって大統領の座にある。1986年、ウクライナのチェルノブイリ原発事故により、隣接するベラルーシも、国土の3割近くが汚染された。

ここがポイント

ロシアとは連携を重視する。ただし、ベラルーシのルカシェンコ大統領は、ロシアのプーチン大統領とは波長が合わず、ベラルーシとロシアの協力関係は限定的だ。

創価学会インタナショナル

1975年、創価学会の51か国の代表がグアムに集まり、発足。略称はSGI。初代会長は池田大作。1983年、国連経済社会理事会との協議資格を持つNGOとなる。現在192の国と地域の会員によって構成されており、海外の会員は220万人（創価学会ホームページ）。

ここがポイント

各国創価学会の国際的ネットワーク。核廃絶に熱心で、国際政治にも影響を与えるプレイヤーである。日本ではその影響力が過小評価されているようにみえる。

GAFA

「Google」「Apple」「Facebook」「Amazon」の4社の頭文字をとった用語。大きなプラットフォームを持ち、これらの会社が作った仕組みに依存せず、社会生活を送ることがもはや難しくなっている。世界がグローバル化する流れを加速させた源といえる。しかし、厖大な個人情報を収集し、そこから生まれる利益を独占していることから、批判が高まってきている。

ここがポイント

GAFAはタックスヘイブンに本社を置き、節税するなど、主要国の国策に抵抗する活動を行っている。強大な経済力を持ち、政治的にも無視できないGAFAに対する規制が、今後各国にとって重要な課題になる。

タックスヘイブン

租税回避地。税率が低い国や地域をいう。企業がその地にダミー会社を作り、資産を移せば、納税額が低くて済むので、課税逃れに使われることも多い。有名なのは、イギリス領ケイマン諸島、バージン諸島、スイス、シンガポールなど。

ここがポイント

タックスヘイブンは、事実上、アメリカ、イギリスの影響下にある事例が多い。犯罪組織による資金洗浄などに利用されているにもかかわらず、閉鎖されない背景には、主要国の武器販売やインテリジェンス工作にこのような「裏口」が必要という事情もある。

量子衛星

人には解読不能な「量子暗号」による通信を実現させるための人工衛星。2016年、中国の潘建偉教授らのチームが、世界初の量子通信衛星「墨子号」の打ち上げに成功。原理的に、外部から盗聴やハッキングができない暗号による通信が可能になるので、軍事分野での活用が検討されている。

ここがポイント

量子コンピュータが実用化すると、従来破ることがほぼ不可能とされていた暗号が容易に解読されることになり、軍事と経済のセキュリティー・システムの抜本的改善が求められるようになる。

核融合エネルギー

原子の中の原子核を高速でぶつけ合うことで、新しい原子核が生まれる反応を核融合反応という、大きなエネルギーが発生する。太陽に代表される星はこの反応でエネルギーを放出している。この方法では、放射性廃棄物やCO2を排出することがない。また、燃料となる重水素は海水から得られるため、実質的に無限に手に入れることが可能。将来の持続可能なエネルギー源として期待されている。

ここがポイント

核融合発電が可能になると、海水さえあれば、電気を取り出すことができるようになる。そのため中東、ロシア、米国などの産油国の地位が低下することになる。

北極海航路

北極海を通り、太平洋と大西洋を結ぶ航路。これまで北極海は氷に閉ざされて航行することはできなかったが、地球温暖化の影響で海氷が解け、一年のうち限られた期間、航行できるようになった。通常アジアからヨーロッパへ向かうときには、マラッカ海峡を経由してインド洋を航行し、スエズ運河を通るルートをとる。北極海航路は、これよりも距離が3割から4割短くなるため、貨物船の輸送コストの削減が期待されている。

ここがポイント

北極海が通年航行可能となるという観点では、ロシアは地球温暖化を歓迎している。今後北極海における軍拡が起きる可能性がある。

あとがき

私が国際政治について考えるときに相談する友人が何人かいる。その内の1人がモスクワ在住のアレクサンドル・カザコフ君だ。カザコフ君は1965年生まれで、1960年生まれの私よりも5歳年下だが、1987〜88年、私は、モスクワ国立大学哲学部科学的無神論学科（現在の宗教史宗教哲学科）で机を並べて勉強した。カザコフ君は早熟の天才で、バルト三国（エストニア、ラトビア、リトアニア）をソ連から独立させる運動に熱中していた。カザコフ君はラトビア出身のロシア人だったが、ラトビア人民戦線の幹部になって反ソ運動を展開していた。KGBに目を付けられたので、大学を退学し、ラトビアの首都リガに拠点を移し、命懸けで独立運動に取り組んだ。

ラトビアがソ連から独立すると、ラトビア人はロシア人を圧迫しはじめた。カザコフ君は、ロシア語学校の権利保全運動をはじめると、ラトビア政府から危険なロシア民族主義者と見なされ、国外追放になった。モスクワで、プーチン大統領の某側近がカザコフ君の才能に目を付けた。その後、プーチン政権を支持する政治学者、哲学者として、活躍している。7月にはカザコフ君の『ウラジーミル・プーチンの大戦略』の日本語訳が東京堂出版から上梓される予定だ。同書の日本語版序文をカザコフ君が送ってきたので、その一部を紹介する。

〈重大な変化が起こっているのはロシアに限ったことではなく、全世界でもそうなのは明らかである。「資本主義の終わり」、そして、その特有の政治モデルである自由民主主義が終わろうとしていることを私たちは目にしている。世界の、そして国家の選良(エリート)たちはもはや、選択肢のある諸提案の中から理性的な選択を行うという権利を有権者に与える気はない。その代わりに、こうした「選良たち」は、根源的な本能、なによりもまず恐怖を介した、大衆の直接統治に移行しつつある。私たちは「デモクラシー(民主政治)からフォビアクラシー(恐怖政治)」への移行を目撃している〉

このフォビアクラシーという言葉を見て、背筋に冷たいものが走った。行政権が肥大化すると、権力が集中する場に いる政治家と官僚が、「自分たちが国家を運営するのが国民のためにもっともよい」という信念を抱き、恐怖によって国民を統治するフォビアクラシーが流行する可能性がある。このシナリオを何としても阻止しなくてはならない。

本書を上梓するにあたっては毎日新聞出版の峯晴子氏、八木志朗氏にたいへんお世話になりました。どうもありがとうございます。

２０２１年６月27日、曙橋（東京都新宿区）の自宅にて、

佐藤優

第5章
p.129　五輪マークのモニュメント。奥は国立競技場、東京都新宿区

この人物に注目！
p.160　北朝鮮の金与正朝鮮労働党副部長
p.161　楊潔篪・中国共産党政治局員（ロイター＝共同）
p.162　ロシアのアントン・ワイノ大統領府長官
p.163　セルゲイ・ナルイシキン
p.164　お告げの祈りを捧げる教皇フランシスコ、2020年8月30日（©Massimiliano Migliorato／IPA via ZUMA Press ／ 共同通信イメージズ）
p.165　アウン・サン・スー・チー氏
p.166　ミャンマーのミン・アウン・フライン国軍総司令官（ロイター＝共同）
p.167　アレクサンドル・ルカシェンコ ベラルーシ大統領（ロイター＝共同）
p.168　共産党の志位委員長
p.169　新型コロナウイルス感染症への対応について会見する小池百合子東京都知事（日刊工業新聞／共同通信イメージズ）

この地域・組織に注目！
p.172　中国・新疆ウイグル自治区ウルムチ市、トルクメニスタン
p.173　中国、台湾、台湾海峡、日本など
p.174　ロンドンの英秘密情報局（通称MI6）の建物（ロイター＝共同）
p.175　ロシア対外情報庁創設100周年を記念し、本部庁舎の前で演説するプーチン大統領2020年12月20日（©Aleksey Nikolskyi／Kremlin Pool／Planet Pix via ZUMA Wire／共同通信イメージズ）
p.178　ベラルーシ・オストロベツ、リトアニア・ビリニュス、ウクライナ・チェルノブイリ

p.69　インドネシア・アチェ州で救助された、ロヒンギャ難民、2020 年 6 月 25 日（©Maskur Has／SOPA Images via ZUMA Wire／共同通信イメージズ）
p.71　ミャンマーのミン・アウン・フライン総司令官（ロイター＝共同）
p.73　米大統領補佐官に国務省のロバート・オブライエン大統領特使（人質問題）を起用、2019 年 9 月 18 日、カリフォルニア州ロサンゼルス（ロイター＝共同）
p.76　アフガニスタン中部ロガール州でパトロールする米軍の部隊、2018 年 8 月（ロイター＝共同）
p.77　米国とアフガンを巡る経過
p.79　ガザ地区ハーン・ユーニスの反イスラエル集会で閲兵をするカッサーム旅団、2021 年 5 月 27 日（©Ashraf Amra／APA Images via ZUMA Wire／共同通信イメージズ）
p.82　イスラエル中部アシュドッドで、ロケット弾への迎撃ミサイルを発射する対空防衛システム「アイアンドーム」（ロイター＝共同）

第 4 章
p.89　2019 年 9 月、政権批判の集会で演説するナワリヌイ氏、モスクワ（ロイター＝共同）
p.91　モスクワ中心部に集まったロシア反体制派ナワリヌイ氏の支持者ら（タス＝共同）
p.99　ニューヨーク・マンハッタンで、反格差社会デモ「ウォール街を占拠せよ」開始半年を記念してデモ行進する参加者ら
p.114　マリア・ザハロワ外務省報道官、2020 年 11 月 5 日（タス＝共同）
p.116　北方領土、サハリン・ユジノサハリンスク
p.118　北方領土問題の経過
p.121　民間団体との会合に出席し、あいさつするロシアのナルイシキン下院議長、東京都内のホテル
p.123　北極圏周辺の永久凍土

《図版クレジット》（特に記載のないものは、すべて共同通信）

第１章
p.15　大政翼賛会発足　「大政翼賛会」の看板を掲げる
p.18　GAFA の主な新事業領域
p.19　GAFA の 2020 年 7 ～ 9 月期決算
p.27　パリのシャンゼリゼ通りでフランス国旗を振る黄色いベスト運動の参加者（ロイター＝共同）

第２章
p.37　ペンシルベニア州中央部・郊外の道路際に掲げられたトランプ支持派の看板、2020 年 10 月 18 日（©Paul Weaver／Pacific Press via ZUMA Wire／共同通信イメージズ）
p.41　バイデン大統領と菅首相の共同記者会見、ホワイトハウス、2021 年 4 月 16 日（CNP／DPA／共同通信イメージズ）
p.44　台湾周辺の日米部隊
p.47　中国、新疆ウイグル自治区・ウルムチ
p.51　イラク北部モスルの旧市街に到着したローマ教皇フランシスコ（ロイター＝共同）
p.54　バチカンは、教皇フランシスコが香港の新たな司教として、周守仁神父（62）を任命したと発表した。2021年5月18日（©Liau Chung-ren／ZUMA Wire／共同通信イメージズ）
p.59　中国の王毅国務委員兼外相（右）と握手する外務省の秋葉剛男事務次官、北京
p.60　モスクワ郊外のロシア大統領公邸にプーチン大統領（右）を表敬訪問し、握手する北村滋国家安全保障局長（タス＝共同）

第３章
p.65　南スーダン北部ユニティ州の石油施設、2012 年 7 月
p.66　南スーダン・ジュバ、ユニティ州ベンティウ、スーダン・ハルツーム、ヘグリグ油田、ダルフール地方
p.67　インド・インパール
p.68　ロヒンギャ避難民の流れ

●装丁・本文レイアウト＝常松靖史［TUNE］
●カバー写真＝髙橋勝視
●組版＝キャップス

◉著者紹介

佐藤優（さとう・まさる）

1960年、東京生まれ。作家・元外務省主任分析官。同志社大学大学院神学研究科修了。主な著書に『国家の罠―外務省のラスプーチンと呼ばれて』（新潮社、第59回毎日出版文化賞特別賞受賞）『自壊する帝国』（新潮社、新潮ドキュメント賞、大宅壮一ノンフィクション賞受賞）『獄中記』（岩波書店）『見抜く力』（プレジデント社）『真説　日本左翼史　戦後左派の源流　1945－1960』（池上彰氏との共著、講談社）『「悪」の進化論　ダーウィニズムはいかに悪用されてきたか』（集英社インターナショナル）『還暦からの人生戦略』（青春出版社）などがある。

佐藤優《さとうまさる》の裏《うら》読《よ》み！ 国《こく》際《さい》関《かん》係《けい》論《ろん》

第一刷　二〇二一年七月三十日
第二刷　二〇二一年八月二〇日

著　者　佐藤優《さとうまさる》
発行人　小島明日奈
発行所　毎日新聞出版
〒一〇二-〇〇七四　東京都千代田区九段南
一-六-十七　千代田会館五階
〔営業本部〕〇三-六二六五-六九四一
〔図書第二編集部〕〇三-六二六五-六七四六

印刷・製本　光邦

ISBN978-4-620-32691-7